출제의 정석

프롤로그 8

1장 왜 '평가'는 어려울까?

① - 출제가 막막한 이유 23
② - 수업은 재미있는데 출제는 왜 힘들까? 28
③ - 지금의 평가, 어디서부터 잘못된 걸까? 32
④ - 평가에 대해 자주 하는 오해들 38

2장 평가의 본질 톺아보기

① - 평가란 무엇인가 47
② - 평가의 기초가 되는 네 가지 전제 52
③ - 좋은 평가 문항, 어떤 조건을 갖춰야 할까? 56
④ - 타당도와 신뢰도, 왜 신경 써야 할까? 62

3장 배움을 이끄는 평가 설계하기

① - 평가는 수업의 종착지가 아니다 69
② - 좋은 문항은 수업을 살린다 75
③ - 학생 피드백과 성찰을 돕는 문항 설계 79
④ - '배움을 이끄는 진짜 평가'란? 83

4장 꼭 지켜야 할 출제의 기본 원칙

① - 성취 기준과 평가 문항 연결하기	91
② - '평가 기준표'를 활용한 출제 설계	96
③ - 문항 난이도 조절 감각 익히기	101
④ - 좋은 문항 vs. 나쁜 문항	106

5장 출제의 정석

① - 문항 출제의 기본 구조	113
② - 문두 작성 방법	118
③ - 답지 작성 방법	123
④ - 출제할 때 삼가야 할 표현들	129

6장 선택형 문항 제작

① - 선택형 문항의 종류	139
② - 진위형 문항 출제 원칙	143
③ - 연결형 문항 설계법	150
④ - 배열형 문항 출제 원리	156
⑤ - 선다형 문항 출제 원리	161

7장 서술형 문항 제작

① - 좋은 서술형 문항의 조건	171
② - '정답'의 요건	175
③ - 채점 기준표 만드는 법	181
④ - 모범 답안 없이도 명확한 기준 만들기	187

8장 수행 평가 설계

① - 활동형 과제에서 놓치기 쉬운 요소	193
② - 루브릭, 제대로 활용하기	197
③ - 이의 제기에 대처하는 방법	203
④ - 수행 평가 설계 사례	207

9장 문항 출제 따라 하기

① - 출제를 준비하며	215
② - 출제 계획표와 이원 분류표 작성하기	221
③ - 문항 하나씩 출제하기	229
④ - 문항 검토와 편집, 마지막 다듬기	237

10장 실제 평가 문항의 검토와 수정

평가 문항과 해설 1 — 245
평가 문항과 해설 2 — 248
평가 문항과 해설 3 — 251
평가 문항과 해설 4 — 253
평가 문항과 해설 5 — 256
평가 문항과 해설 6 — 258
평가 문항과 해설 7 — 261
평가 문항과 해설 8 — 263
평가 문항과 해설 9 — 265
평가 문항과 해설 10 — 268

에필로그 — 272

부록

1 과목별 출제 비법 — 277
2 문항 자체 진단 체크리스트 — 283
3 문항 제작 요령 — 286
4 문항 검토 지침 — 295

프롤로그

평가는 좋은 수업의 시작

많은 교사가 출제의 부담을 느낍니다

"수업보다 시험 문제 출제가 더 부담스러워요."
"수업은 자신 있는데, 출제는 정말 어렵습니다."

교사 연수에서 가장 자주 들었던 말입니다.

저 역시 마찬가지였지요. 교직 생활을 처음 시작했을 때, 수업은 시행착오를 거치며 점차 자신감을 얻어 갔지만, 출제만큼은 언제나 막막했습니다.

첫 시험 문제를 출제할 때, 컴퓨터 앞에 앉아 멍하니 화면만 바라보던 기억이 아직도 생생합니다. 이것저것 자료를 뒤져 봐도 도무지 무엇을 어떻게 물어야 할지 감이 잡히지 않았지요. 그 막막함은 시간이 지나도 쉽게 사라지지 않았습니다.

문제를 많이 푼 경험과 문제를 잘 만드는 능력은 전혀 다르다는 것을 그제야 실감하게 되었습니다.

평가 문항 제작 방법에 대한 온라인 연수를 진행하면서 보니, 많은 선생님이 평가에 대한 고민을 하고 있다는 것을 알게 되었습니다. 연수 후기 몇 가지를 옮겨 봅니다.

연차가 쌓일수록 출제가 너무 어렵고 더더욱 스트레스를 받게 되어 도움을 받을 수 있을까 싶어 연수를 듣게 됐습니다. 교직 생활 11년이 됐는데 점점 평가가 어려워지는 건 왜일까요? 같이 고민을 나누고 싶습니다.

타성에 젖어 습관적으로 해 오던 평가 문항 출제 과정을 돌아보고 개선을 다짐하는 계기가 되었어요. 참 유익한 연수였습니다.

평가 문항을 어떻게 출제해야 할지 고민이 있어서 연수를 들었어요. 문제 제작에 큰 도움이 되었습니다. 사실 세세하게 검토하는 과정에서 제게 부족한 부분이 많았는데, 이번 연수로 도움을 얻었습니다.

임용 준비할 때 평가에 대해서 배운 후 제 방식이 당연하다는 듯이 시험 출제를 했습니다. 다시 재충전하는 기분으로 들었습니다. 너무 알찬 연수였습니다.

1학기 중간고사 지필 평가와 수행 평가를 고안하면서 고민하던 중 이 연수를 들었습니다. 매 차시 도입부에 나오는 사례가 어찌나 제 이야기 같은지, 연수 내용에 몰입하는 데 매우 유익했습니다. 교육과정이 바뀌면서 조금 달라진 내용이 있긴 하지만 그래도 다시 한번 중요한 원칙을 확인할 수 있었어요.

첫 교직 생활 중 가장 걱정이 많았던 평가 문항 출제에 큰 도움을 준 강의였습니다.

교직 생활을 하면서 학교 업무에서 제일 중요한 평가에 대해 자세히 알려주는 동료들이 거의 없었는데, 연수를 통해 많이 배웠습니다.

평가에 대해 무지한 저 자신에 대해 고민하던 중 연수를 듣게 되었습니다. 실질적인 지침을 제시해 주었어요.

우리 교사들은 출제를 '배우지 않은 채' 출제하고 있습니다

실제로 대부분의 교사가 출제에 대한 정식 교육을 받지 못한 채 평가지를 만들어야 합니다. 체계적으로 출제 방법을 알려 주는 곳은 많지 않지요. 그래서 많은 교사가 1급 정교사 연수에 가서야 처음으로 문항 출제를 본격적으로 접하곤 합니다.

물론 대학 때 교육 평가를 배우면서 평가 일반론을 익히고, 또 교과 교육에서도 평가에 관한 내용을 접합니다. 하지만 이는 교육 평가에 관한 이론일 뿐, 현실에서는 "이걸 문제로 어떻게 내야 하지?"라는 구체적인 질문 앞에서 쉽게 무력해집니다. 결국 대부분의 교사가 출제를 맡게 되면 가장 먼저 출판사 문제집이나 기출 문제를 펼치게 됩니다. 그리고 말하지요.

"와, 이렇게 문제를 만들 수도 있구나. 그런데 나는 이만큼 만들 자신이 없는데, 어떡하지?"

그럴 수밖에 없습니다. 우리는 출제를 충분히 배운 적이 없습니다. 그런데도 검토나 피드백 없이 매 학기 반복해서 평가지를 만들어야 하는 것이 지금의 현실입니다.

출제의 부담은 당신의 능력이 부족해서가 아닙니다

많은 교사가 출제를 앞두고 이런 고민을 합니다.

- ▸ 혹시 내가 성취 기준을 잘못 이해하고 있는 건 아닐까?
- ▸ 이 문제, 너무 어려워서 학생들이 다 틀리지는 않을까?
- ▸ 반대로 너무 쉬워서 의미 없는 시험이 되지는 않을까?

이 고민들은 사실 교사로서 학생의 배움을 진지하게 생각하고 있다는 증거입니다. 평가는 단순히 문제를 만드는 일이 아닙니다. 수업의 연장선이자 학생의 사고 과정을 되짚는 작업이며, 교사의 수업 철학이 드러나는 또 하나의 언어입니다.

문제 하나를 만들기 위해서는
무엇을 가르쳤는지 돌아보고,
학생이 무엇을 배웠는지 추측하고,
그 안에 교사가 중요하게 생각하는 가치를 담아야 합니다.

이런 고민을 하는 교사들을 위한 책

저는 교육 평가 전공자도 아니고, 대학 수학 능력 시험 출제 경력

도 없습니다. 하지만 수십 년 동안 학교 현장에서 수많은 평가지를 검토해 왔으며, 1급 정교사 연수와 성취도 평가, 비교 내신 평가 등 출제 경험을 꽤 많이 쌓아 왔습니다.

특히 온라인 연수 '이것만 알자! 평가 문항 출제 길잡이'를 진행하면서 수많은 교사가 평가를 얼마나 막막하게 느끼는지 실감했습니다. 그 과정에서 '왜 어떤 문항은 좋은 평가가 되고, 어떤 문항은 그렇지 못한가'를 늘 고민하게 되었지요.

그 고민의 결과를 정리해 보자는 마음으로 이 책을 쓰게 되었습니다. 또한 실제 평가 문항 연수를 하려 할 때, 「수능 평가 문항 출제 지침」 외에는 딱히 좋은 자료가 없는 현실 때문에 이 책을 기획하게 되었습니다.

최근 2025년 7월에 평가 연수를 들은 교사들의 고민과 강의에 대한 반응을 몇 가지 더 소개하겠습니다.

내용이 알차고 현장에 바로 적용할 수 있어 매우 유익했습니다. 전문성과 실용성을 모두 갖춘 연수로 좋은 인사이트를 얻었어요. 현장 경험과 연결된 사례 중심 연수라 깊이 있는 배움이었고, 연수 전반에 걸쳐 집중도와 만족도가 높았던 뜻깊은 시간이었습니다.

평가에 대한 관점을 새롭게 정립할 수 있었던 드문 연수였어요. 기존에는 평가를 단순히 결과 확인의 수단으로만 여겼지만, 이번 연수를 통해 평가가 학습을 지원하고 교육의 질을 높이는 핵심 도구임을 명확히 이해하게 됐습니다. 특히 이원 분류표 작성법, 문항 제작 절차, 문항 오류 유형 등 실질적으로 수업에 바로 적용할 수 있는 내용이 많아 만족도가 높았어요. 실제 수업에서 평가 문항을 제작할 때 성취 기준을 정확히 분석하고 학생의 사고 수준을 반영한 문항을 개발하는 데 큰 도움이 될 것 같습니다. 문항의 질을 높이고 싶은 선생님들께 꼭 추천하고 싶은 연수입니다.

평가 문항 출제에 필요한 이론적 배경과 실제 사례를 폭넓게 학습할 수 있었어요. 특히 성취 기준 기반 문항 설계의 중요성을 다시금 인식하게 됐고, 이를 바탕으로 수업 내용과 유기적으로 연결된 평가 문항을 보다 정교하게 개발하는 역량을 갖추는 데 큰 도움을 얻었습니다. 앞으로는 학습자의 성장을 지원하는 방향으로 평가를 설계하고자 하는 실천적 목표도 생겼어요. 현장 적용이 가능한 알찬 연수였습니다.

특히 선택형, 서술형, 수행 평가 문항 제작에 필요한 절차와 원리에 대해 체계적으로 익힐 수 있어서 실제 수업에 큰 도움이 되리라 기대합니다. 또한 타당도와 신뢰도를 고려한 문항 분석, 교과별 출제 길잡이 내용이 매우 실질적이고 유익했어요. 앞으로 평가를 단순한 결과 중심이 아닌, 학생의 성장을 돕는 과정으로 설계하고 실천하는 데 적극 활용하고 싶어요.

평가 문항의 질이 수업의 질을 좌우한다는 점을 다시금 깨달았어요. 단순 지식 확인을 넘어, 학생의 사고력과 성장을 끌어내는 문항이 어떤 방식으로 구성되어야 하는지를 구체적으로 배울 수 있었던 게 기억에 남습니다. 특히 문항 설계, 문항 유형 선택, 채점 기준 설정의 중요성을 실제 사례를 통해 이해할 수 있었고, 이를 수업에 어떻게 녹여 낼지, 아이디어를 풍부히 얻었어요. 향후 평가가 학생의 배움을 이끄는 방향으로 나아가도록 학교에서 실천에 옮기겠습니다.

학생의 이해 수준을 정밀하게 파악하고 그에 따른 수업 피드백이나 보완 지도를 효과적으로 운영할 수 있을 것 같습니다. 앞으로도 평가 전문성을 길러 수업의 질을 높이도록 노력하겠다는 의욕을 얻었습니다.

출제는 기술이 아니라, 감각이고 태도

이 책은 무거운 이론서가 아닙니다. (사실 제가 완벽한 이론서를 쓸 깜냥도 안 됩니다.)

대신에 '좋은 문항은 이런 조건을 갖추어야 한다.' '이런 유형에는 이렇게 출제할 수 있다.'라는 실제적인 원칙과 사례를 중심으로 정리했습니다.

각 장에는 실제 예시, 자주 하는 실수, 체크리스트 등을 넣어 현장에서 곧바로 활용할 수 있도록 구성했습니다.

이 책은 평가가 막막한 교사들을 위한 실전 안내서입니다.

특히 첫 시험지를 준비하는 초임 교사,

학기마다 출제를 두고 고민하는 경력 교사,

연수나 협의회에서 출제를 설명하거나 피드백해야 하는 부장 교사를 위한 책입니다.

지금 우리가 시작해야 할 평가

좋은 문항은 학생이 많이 틀리는 문항이 아닙니다. 학생이 수업을 다시 떠올리고 배움의 흐름을 복기하게 만드는 문항, 스스로 "왜 틀렸지?" "어떻게 다시 접근해야 하지?"라고 묻게 만드는 문항이 진짜 교육석인 평가입니다.

우리는 그런 평가를 할 수 있습니다. 그리고 이 책이 그 첫걸음을 함께할 수 있기를 바랍니다. 좋은 평가는 결국 좋은 수업으로 이어집니다.

이 책은 수업을 더 잘하고 싶은 교사,

학생의 배움을 끝까지 책임지고 싶은 교사,

그리고 질문 하나에도 철학을 담고 싶은 교사를 위한 책입니다.

지금 이 글을 읽고 있는 당신은,

분명 그런 교사일 것입니다.
그 시작을 함께할 수 있어 진심으로 기쁩니다.
이 책을 고 복완근 교장 선생님의 영전에 바칩니다.

2025년 여름을 보내며
김근수

이 책을 꼭 봐야 할 교사들

출제를 처음 해 보는 초임 교사
- 지필 평가? 수행 평가? 아무것도 몰라 막막한데, 어디서부터 시작해야 할지 모르겠다면
- 기출 문제는 넘쳐나는데, 우리 반 수업에 맞는 문항을 직접 만들 자신이 없다면
- 내 수업이 평가로 잘 연결되고 있는지 확인하고 싶다면

출제를 여전히 어렵게 느끼는 경력 교사
- 늘 문제를 출제하고 있지만, 이게 과연 '좋은 문항'인지 의문이 든다면
- '성취 기준 중심 평가'는 많이 들었는데, 실제로 어떻게 연결해야 할지 막연하다면
- 서술형이나 수행 평가 앞에서 늘 기준과 공정성 문제로 고민하고 있다면

교사 연수나 동학년 협의에서 출제를 설명해야 하는 부장 교사
- 출제에 대한 실전 원칙과 사례를 설명할 수 있는 자료가 필요하다면
- 다른 교사의 문항을 보고 피드백해야 할 때, 명확한 기준을 가지고 판단하고 싶다면
- 후배 교사에게 출제를 '감'이 아니라 '원리'로 설명해 주고 싶다면

이 책의 설계도

- 이론보다 실전에 가까운 안내서입니다.
- 길고 복잡한 설명보다 짧고 핵심적인 팁 위주로 구성했습니다.
- 평가의 철학에서 출제 기술까지, 처음부터 끝까지 실제 흐름에 맞춰 썼습니다.
- 장마다 실제 사례, 자주 하는 실수, 좋은 문항의 예시를 담았습니다.
- 무엇보다도 현장 교사의 언어로 말하려고 노력했습니다.

1장 ✓

왜 '평가'는 어려울까?

"수업은 자신 있는데, 시험 문제 출제는 왜 어렵게 느껴질까?"

"시험 문제 출제는 언제, 어떻게 시작해야 하나?"

① - 출제가 막막한 이유

② - 수업은 재미있는데 출제는 왜 힘들까?

③ - 지금의 평가, 어디서부터 잘못된 걸까?

④ - 평가에 대해 자주 하는 오해들

출제가 막막한 이유

문제를 출제하는 순간, 교사는 다시 수업을 배운다

"시험 문제를 어떻게 내야 할지 모르겠어요."

평소 기가 막히게 수업을 잘하는 교사인데, 의외로 시험 출제 기간만 되면 스트레스를 받는 교사가 있습니다. 수업 준비도 열심히 하고, 설명도 잘하는 선생님인데 출제 앞에만 서면 갑자기 막막해진다고 합니다.

그 이유는 간단합니다. **문제 출제는 '또 다른 수업'**이기 때문입니다. 수업이 '학생이 배울 수 있도록 가르치는 일'이라면, 출제는 '학생이 얼마나 잘 배웠는지를 드러나게 하는 일'이에요.

그런데 여기엔 하나 더 숨어 있는 요소가 있습니다. '내가 무엇을 가르쳤는가를 되돌아보는 일'이기도 하다는 거예요. 그래서 출제는 생각보다 어렵고, 처음에는 시간이 오래 걸리고 자신도 없어지는 작업입니다.

출제는 수업보다 어려운 일?

출제가 수업보다 어렵다는 말이 나오는 이유는, '**정답을 미리 정하고 설계하는 작업**'이기 때문이에요. 수업은 어느 정도 여지를 가지고 학생 반응을 보며 조율할 수 있지만, 문제는 한 번 내면 끝입니다. 그리고 그 문제 하나가 학생의 성취, 나아가 생활기록부에 남게 될 성적과도 직결되죠. 부담이 클 수밖에요.

특히 초임 교사나 경험이 적은 교사일수록 이런 질문을 자주 하게 됩니다.

"이 문제가 진짜 성취 기준을 반영하고 있는 걸까?"
"이 수준의 문제이면 학생들이 몇 퍼센트쯤 맞힐까?"
"내가 봐도 애매한데, 채점은 어떻게 하지?"
"공정하게 냈다고 할 수 있을까?"

이런 고민은 아주 자연스러운 것이고, 제대로 출제하려는 교사일

수록 많이 느끼는 감정입니다.

그냥 기출 문제나 참고 자료를 보고 비슷하게 출제하면 안 되나?

많은 교사가 시험 문제를 내기 전에 기출 문제나 참고 자료를 찾아보곤 합니다. 그런데 오히려 그렇게 하면 할수록 위축되기 십상이에요. 도대체 어떻게 이렇게 문제를 출제했나 싶기도 하고, 수많은 문제 사이의 빈틈을 찾아 다시 문제를 출제하기란 불가능에 가깝지 않나 하는 생각을 하게 됩니다.

그런 의미에서 출제하기 전에는 기출 문제나 참고 자료를 되도록 보지 않기를 권합니다. 왜냐하면 나만의 창의성과 출제 방향에 혼돈을 주지 않기 위함이죠. 어느 정도의 가출제 후에 겹치는 문제나 빠뜨린 부분을 점검하는 용도로 쓰는 것이 더 효과적일 수 있습니다.

특히나 중요한 것이 또 있어요. 그것은 "우리 학생들이 풀 수 있는 문제인가?"라는 질문입니다. 아무리 좋은 문제라 해도 그 반의 수준, 단원 흐름, 수업 방식에 따라 적절하지 않을 수 있어요. 무엇보다 '내 수업의 핵심 내용'이 반영되어야 진짜 의미 있는 문항이 됩니다.

결국 **출제는 수업을 복기하는 일이자 학생을 이해하는 작업**입니다. 이런 시선으로 출제를 바라보면, 그 막막함이 조금은 가벼워질 수 있겠지요.

평가를 대충하면 수업이 아깝다

좋은 수업을 해 놓고 막상 평가가 어설프면 그 수업의 가치는 퇴색될 수밖에 없습니다. 학생은 "시험에 나오냐, 안 나오냐"에 따라 수업을 다르게 받아들이고, 학부모는 평가 결과에 따라 수업의 질을 판단하기도 합니다.

그래서 교사인 우리는 "출제를 잘한다."라는 말을 단순히 문제를 잘 만든다는 뜻이 아니라, 수업의 마무리를 책임진다는 의미로 받아들여야 하지요.

특히 수업의 구체적인 내용이나 결과물은 잘 보이지 않으며 학생의 기억이나 필기 흔적 속에 대강만 남아 있는 반면에, 평가에 대한 기록은 온전하게 남아 수업을 돌아보게 만듭니다.

어떤 선생님이 이런 내용을 중심으로 가르쳤구나, 어떤 선생님은 이런 내용을 평가와 관련지었네, 하는 말은 단순하게 시험 문제를 평가하는 것이 아니라, 교사의 수업 전반에 대한 평가로 귀결될 수 있습니다. 그러므로 열심히 한 수업일지라도 자칫 평가 한 번으로 수업의 흐름과 의미가 왜곡되는 경우도 생길 수 있다는 것을 잊지 말아야겠습니다.

마무리 Tip

출제를 어렵게 느끼는 건 능력이 부족해서가 아닙니다.

진지하게 교육을 고민하는 교사이기 때문에 출제 앞에서 멈칫하게 되는 거예요.

이 책을 통해 그 막막함의 정체를 하나하나 들여다보고,

조금 더 가볍게 출제를 시작해 볼 수 있기를 바랍니다.

수업은 재미있는데 출제는 왜 힘들까?
수업과 출제는 닮았지만, 거기에 필요한 사고는 다르다

"수업 준비는 잘되었는데, 막상 문제를 내려고 하니까 도무지 손이 안 나가요."
"출제하다 보면, 내가 뭘 가르쳤는지도 헷갈려요."

연수나 협의회에서 가끔 듣게 되는 말입니다. 가르치는 일은 자신 있는데, 평가로 넘어가면 맥이 탁 끊긴다는 거죠. 교사들의 이런 이야기를 들을 때마다, 저도 고개를 끄덕이게 됩니다. 왜냐하면 저 역시 그랬고, 지금도 여전히 문항 하나하나 만들 때마다 수업을 복기하게 되니까요.

수업은 현장에서의 생동감과 반응, 조율이 중요하지만, 출제는 정적인 글 속에 사고 흐름을 정교하게 담아내는 일입니다. 바로 이 지점에서 많은 교사가 막막함을 느낍니다.

출제는 가르침과 다르다

수업을 잘한다는 것은 학생을 이해하고, 상황을 조절하고, 눈빛과 분위기를 읽으며 반응하는 능력입니다. 하지만 출제는 그 반대입니다. 정적인 글로 학생의 사고를 유도하고, 답을 예측하며 구조화하는 일이거든요.

즉, **수업**이 '현장 예술'이라면 출제는 '사전 설계도'예요. 이 둘은 서로 닮았지만, 사용하는 능력과 사고방식은 분명히 다릅니다. 그래서 수업 감각이 좋은 교사도 출제 앞에서는 낯설고 어렵게 느낄 수밖에 없습니다.

수업 중심형 사고 vs. 출제 중심형 사고

구분	수업 중심형 사고	출제 중심형 사고
중심 포인트	학생의 반응, 흐름 조절	성취 기준, 명확한 문항 구조
피드백 방식	학생들에게서 실시간으로 비언어적인 피드백을 받음	결과를 기반으로 하고 문서를 통한 피드백을 받음
사고 흐름	유연하게 전개	고정된 조건 아래 설계
정답의 위치	정답을 함께 찾아감	정답을 미리 설정함

이 차이를 인식하지 않으면 '내가 수업은 잘하는데 왜 문제는 못 내지?'라는 불필요한 자책에 빠지게 됩니다.

수업과 출제를 연결하는 연습이 필요하다

출제를 잘하려면 단지 '문제 만드는 기술'을 익히는 것만으로는 부족합니다. 그보다 중요한 건, "**내 수업에서 강조한 개념과 사고 흐름이 문제에 반영되는가?**"를 자꾸 되돌아보는 연습이에요.

예를 들어, 수업 시간엔 글의 주제를 찾는 과정보다 근거 제시의 타당성을 강조했는데, 정작 평가 문항은 단순하게 "이 글의 주제를 고르시오."로 끝났다면, 그 수업의 핵심은 평가되지 못한 셈입니다.

수업 중 우리는 자주 말합니다.

"그건 왜 그렇게 생각했니?"

"여기서 중요한 건 뭐였지?"

"이 상황이라면 어떻게 해야 할까?"

이 질문들이 사실 훌륭한 문항의 문두가 될 수 있습니다.

"다음 상황에서 학생이 취할 수 있는 가장 적절한 행동은?"

"○○의 주장에 대한 근거로 알맞은 것은?"

"A의 생각에 대한 B의 반응으로 적절한 것은?"

결국 출제는 교사의 말이 문장의 형태로 정제되어 나타나는 일입니다. 이 연결 고리를 익히는 연습이 쌓이면 수업의 감각이 출제력으로 자연스럽게 이어지게 됩니다.

마무리 Tip

수업을 잘한다고 해서 출제를 당연히 잘하는 게 아니고,

출제를 어렵게 느낀다고 해서 수업에 문제가 있는 것도 아닙니다.

두 능력은 다르지만, 연결될 수 있습니다.

그리고 두 가지가 연결될 때, 그 수업은 배움을 평가로 완성하는 수업이 됩니다.

3

지금의 평가, 어디서부터 잘못된 걸까?

학생들의 불만이 때로는 교육의 정곡을 찌른다

시험이 끝나면 학생들이 쏟아 내는 말들이 있습니다.

"이건 왜 정답인지 모르겠어요."
"이 문제는 수업에서 안 배운 건데요?"
"뭘 묻는 건지 잘 모르겠더라고요."

가끔은 그냥 불만 섞인 푸념처럼 들릴 수 있어요. 하지만 곰곰이 생각해 보면, 이 말들은 교사의 평가를 정면으로 '평가'하는 날카로운 반응이에요. 학생들은 문제 하나하나에 따라 자신의 성적이 결정되기에, 그만큼 깊이 있게 문제를 들여다보기 때문입니다. 우리는 때때로 그 반응을 지나치거나, "다 그렇지 뭐."라고 넘기기도 하지요. 하지만 그 안에 담긴 학생의 목소리는 내 평가 문항의 문제점을 되돌아보게 합니다.

문제 1. 교육 따로, 평가 따로

요즘 수업은 말 그대로 다양합니다. 협력 학습, 프로젝트, 토의와 토론, 실생활 맥락의 활동 중심 수업까지.

하지만 막상 시험 문제를 들여다보면? 단순 암기형 시험을 위한 시험, 예전 문제와 크게 다르지 않은 문항…….

이렇듯 평가는 여전히 옛 시대에 머물러 있습니다. 마치 수십 년 전의 수업을 반영한 듯한 문제가 많지요. 수업에서는 '지식의 내면화'와 '활용'을 이야기하면서, 평가에서는 여전히 '그걸 외웠는가'를 묻는 문항이 주를 이룹니다. 그 결과, 학생은 수업을 믿지 않게 됩니다. "어차피 시험에는 이것만 나온다."라는 인식이 쌓이면, 그때부터는 학원이 수업을 이끌기 시작합니다.

수업이 참신할수록 평가도 그만큼 교육적 의도와 연결되어야 합니다. 그렇지 않으면 수업과 평가가 따로 놀게 됩니다.

문제 2. 불분명한 문항의 의도

문장이 길고 복잡해서 질문이 무엇인지조차 알기 어려운 문항이 있습니다. 예를 들어, 지리 조사의 단계를 묻는 문제에서 불필요한 사례, 긴 설명, 혼란스러운 보기 구성 때문에 정작 학생은 "뭘 묻는 거지?"라는 생각부터 하게 됩니다.

학생의 사회 지식보다 국어 해석 능력이 문항의 정답 여부를 좌우하게 되는 순간, 문제는 그 자체로 공정성을 해치는 요소가 됩니다.

즉, 평가 문장은 명료해야 합니다.

묻고 싶은 것이 하나라면, 그 질문도 하나여야 합니다.

문제 3. 지나치게 지식 위주 문항

지식은 교육의 기본이지만, 그것만 묻는 문항이 너무 많다는 것이 문제입니다. 특히 암기 과목이라고 불리는 교과(그런 교과가 있는지 의문이지만)에서는, 아직도 '용어를 외웠는가'만을 묻는 문항이 비일비재해요.

하지만 수능이나 국가 수준 평가를 보면, 지식을 묻더라도 반드시

▸ 그 지식이 왜 중요한가

▶ 어떤 과정으로 도출되는가
▶ 실생활과 어떤 관련이 있는가

를 묻는 복합형 문제가 출제됩니다.
즉, 지식을 묻되, 정적인 상태의 지식이 아니라 맥락과 사고가 담긴 지식을 평가해야 합니다.

문제 4. 난이도가 지나치게 낮고 단순한 문항

"정답이 깃발 들고 있네."
출제 현장에서는 너무 쉬운 문제를 이렇게 표현하기도 합니다.
실제로 중학교나 저학년 교과에서는 학생의 성취 수준을 고려해서 지나치게 쉬운 문제를 출제하는 경우가 있지요.
문제는 그런 문항이 학습 동기를 떨어뜨린다는 데 있습니다.

"이걸 왜 외웠지?"
"다음에도 그냥 감으로 찍어야지."

학생은 자신이 학습한 내용을 확인받지 못할 때, 학습에 의미를 두지 않게 됩니다. 즉, 쉬운 문항이 문제가 아니라 단순하고 의미 없는 문항이 문제입니다.

문제 5. 조악한 편집

마지막 문제이지만, 어쩌면 가장 치명적인 문제일 수 있습니다.

문항과 보기, 답지와 문두가 서로 다른 페이지에 배치되거나, 번호 체계가 불명확하거나, 글씨 크기나 여백과 간격이 들쑥날쑥하다면 학생은 문제를 푸는 데 집중할 수 없지요.

특히 객관식 문항과 서술형 문항이 섞여 있고, 객관식 보기가 다음 페이지에 있는 경우, 학생이 주관식으로 오인해 답을 쓰는 경우도 있습니다.

즉, **출제의 기술은 내용뿐 아니라 형식과 편집의 세심함에서도 드러납니다**. '실수 없이 푼 학생이 틀리는 문제'는 출제가 책임져야 할 실수입니다.

마무리 Tip

현재 학교의 시험은
때로는 수업의 거울이 되지 못합니다.
하지만 지금이라도 그 거울을 닦고,

학생과 수업을 비추는 제대로 된 평가를 만들어 갈 수 있습니다.

평가란, 단지 점수를 매기는 도구가 아닙니다.

지금 수업이 어디에 있는지를 비추는 교육의 나침반입니다.

우리 교사가 내는 이 한 문제,

지금 교육의 방향을 바꿀 수 있습니다.

평가에 대해 자주 하는 오해들
오해만 해소해도 좋은 문항 출제가 가능하다

문제 출제를 처음 시작할 때, 많은 교사가 비슷한 실수와 오해를 겪습니다. 누구나 겪는 시행착오지만, 그 안에 출제의 핵심을 흔드는 중요한 포인트가 숨겨져 있기도 합니다. 아래는 실제로 평가 문항 출제 연수에서 많이 나오는 질문, 혹은 출제된 문항을 검토하면서 자주 발견되는 오해들입니다.

오해 1. 학생들이 많이 틀리는 문제=좋은 문제?

교사 입장에서 "학생들이 많이 틀렸다."라는 것은 어떤 의미일까요? 혹시 내가 잘 가르치지 못한 내용이거나 학생 수준보다 문제 난도가 높았던 건 아닐까요? 물론 특정한 변별력을 가진 문항도 필요하지만, 학생들이 대거 틀렸다면 **출제 의도를 돌아보는 것이 먼저**입니다.

좋은 문제란, 학생이 어려워하는 '포인트'를 정확히 짚되, 수업에서 다룬 내용과 자연스럽게 연결되어 있어야 합니다.

오해 2. 문항을 어렵게 낼수록 실력 있는 교사처럼 보인다?

간혹 출제에서 '수학 능력 평가 스타일'로 지나치게 복잡하게 문항을 구성하는 경우가 있습니다. 페이지 수가 늘어나도 학생이 많이 힘들어하죠. 그게 나쁜 것은 절대 아닙니다만, 지나치게 어려운 문제는 학생에게 혼란을 주고, 출제의 본질을 흐릴 수 있어요.

평가는 교사의 실력을 뽐내는 자리가 아니라, 학생의 배움을 점검하고 이끄는 자리예요. 오히려 간단하고 명료하지만 핵심을 찌르는 문제가 좋은 평가로 기능할 가능성이 큽니다.

오해 3. 너무 성의 있게 출제하면 평균 점수가 정말 낮다?

사실 이런 경우가 없지는 않아요. 고등학교보다는 중학교에서, 그리고 학생들이 어려워하거나 공부를 등한시하는 과목일수록 이 경향은 두드러집니다.

정성 들여 성취 기준을 분석하고 사고를 요구하는 문항을 출제했는데, 막상 평균 점수가 낮게 나오면 당황스럽습니다. "내가 너무 열심히 출제해서 이 사달이 났나?" 싶기도 하죠.

그 결과로 다음 시험에선 무난하고 익숙한 문항만 출제하게 되고, 출제는 점점 '수업 반영'이 아닌 '점수 관리' 중심이 되기도 합니다.

하지만 낮은 평균은 실패가 아니라, **수업과 학습을 다시 설계하라는 신호**일 수 있습니다. 중요한 포인트는 학생들이 비록 정답을 고르지 못했더라도 그 과정에서 "스스로 생각하고 시도했다면" 그 문항은 이미 평가의 역할을 다한 셈입니다.

오해 4. 객관식은 공정하고, 서술형은 주관적이다?

객관식 = 공정 vs. 서술형 = 불공정

식의 이분법은 오해입니다.

객관식도 선지 구성이나 문두 표현이 잘못되면 충분히 오해를 불러올 수 있고, 서술형도 명확한 채점 기준만 있다면 공정하게 평가할 수 있어요. 공정성을 결정하는 것은 '형식'이 아니라, **문항 설계의 정교함과 채점 기준의 명료성**입니다.

객관식이 공정하다는 생각은 형식적으로 그럴 가능성이 조금 더 크다는 것입니다. 하지만 이 역시 충분히 좋은 문항을 고르게 출제하여 적절하게 평가했을 때의 이야기입니다.

　때로 서술형으로 "네가 알고 있는 것을 다 써 보라."라고 하는 것이 더 공정할 수도 있습니다. 핵심 내용을 파악하지 못했거나, 일부 잘못 이해하는 요소가 있더라도, 자신이 이해한 정도에서 알고 있는 바를 서술한다면 충분히 공정하고 객관적일 수 있지요.

오해 5. 수업에서 다룬 내용만 문제로 내야 한다?

　"이건 수업 시간에 안 다뤘는데 출제하면 안 되는 거 아닌가요?"
　"학생들이 안 배운 내용이라고 항의할 수도 있잖아요."

　출제를 하다 보면 수업 시간에 직접 언급하지 않은 자료나 문장, 사례를 문항에 넣는 것이 과연 괜찮은지 교사 역시 고민할 때가 있습니다. 특히 학생들이 "이건 안 배웠어요."라며 불만을 제기할 가능성을 생각해서 수업에서 다뤘던 내용만 '복습'하듯 출제하려는 경향이 생기지요.

　하지만 평가의 목적은 단순히 기억력을 확인하는 것이 아니라, 학생이 배운 개념을 **낯선 상황에 적용할 수 있는가**를 확인하는 것입니다. 수업 중에 다뤘던 개념과 사고 방법이 문제를 해결하는 데 쓰일 수 있다면, 문항은 교육적으로 충분히 타당합니다.

즉, 중요한 것은 '내용의 출처'가 아니라 '사고의 연계성'입니다.

- 교과서 문장 하나를 바꿔 낸다고 해서 교육과정을 벗어나는 건 아니다.
- 핵심 개념과 사고방식이 반영되어 있다면, 새로운 자료나 상황을 제시해도 괜찮다.
- 다만 그 문항이 수업의 흐름과 지나치게 동떨어져 있어서는 안 된다.

'배웠다 vs 안 배웠다'의 논쟁은 표면적인 기준입니다. 진짜 중요한 것은 학생이 수업을 통해 '배울 준비'가 되었는가, 그리고 그 문항이 배움을 끌어낼 수 있는가예요.

이제까지의 논의를 정리해 볼게요.

오해	다시 생각해 볼 점
많이 틀리는 문제=좋은 문제?	학생의 사고 경로를 고려했는가?
어렵게 낼수록 좋다?	평가의 목적은 학습 확인이다

성의 있게 내면 평균이 낮아진다?	낮은 평균은 실패가 아니라 피드백의 기회
객관식은 공정하고, 서술형은 불공정하다?	채점 기준이 공정성의 핵심이다
수업에서 다룬 내용만 문제로 내야 한다?	"학생이 배운 개념을 낯선 상황에 적용할 수 있는가?"를 생각해야 한다

마무리 Tip

출제에 익숙하지 않을수록 이런 오해들에 빠지기 쉽습니다.

그런데 오해한다는 건, 나 자신이 진지하게 평가를 고민하고 있다는 증거이기도 하지요.

이제 그 오해들을 하나씩 걷어 내고,

수업의 흐름을 지켜 주는 출제자로 성장할 시간입니다.

2장

평가의 본질 톺아보기

"평가란 학생의 점수를 매기는 일일까, 성장을 확인하는 일일까?"
단 한 번의 결과보다 더 중한 것이 있습니다.

① - 평가란 무엇인가

② - 평가의 기초가 되는 네 가지 전제

③ - 좋은 평가 문항, 어떤 조건을 갖춰야 할까?

④ - 타당도와 신뢰도, 왜 신경 써야 할까?

평가란 무엇인가
평가에 대해 다시 물음을 던지다

"평가는 언제부터 생겼을까요?"
"평가란 도대체 무엇일까요?"
"평가는 왜 필요한 걸까요?"

이는 우리 교사들이 출제를 시작하기에 앞서 반드시 짚고 넘어가야 할 기본적인 질문입니다. 평가를 단지 시험이나 성적 산출 도구 정도로 여긴다면, 교육의 절반만 보고 있는 셈일지도 모릅니다.

평가의 기원은 어디서 시작되었을까?

평가의 기원은 단순히 교육의 맥락에만 있지 않습니다. 인간 사회가 발전해 오며 축적한 '선발'과 '판별'의 역사와도 깊은 관련이 있습니다.

- **고대 중국의 과거 제도**

한나라 때 시작되어 약 2000년간 유지된 과거 시험은 문관을 선발하는 국가 제도로 기능했습니다. 계층 이동의 수단이 된 이 시험은 공정한 기회의 상징이자, 평가가 사회에 미치는 영향을 보여 주는 대표적인 역사적 사례입니다.

- **근대 유럽의 교육 평가**

18~19세기 근대 학교 체제의 정착과 함께 평가는 학생을 분류하고 진급과 입학 자격을 결정하는 제도로 체계화되었습니다. 이 시기의 평가는 주로 '선별' 기능에 초점이 맞춰져 있었지요. 즉, '누가 더 잘했는가'를 중심으로 수치화된 성취를 비교하는 도구였습니다.

- **현대 교육 평가의 전환**

20세기 이후 교육에 대한 관점이 점차 변화하면서 평가는 **단순 선**

별이 아닌, 학습을 돕는 과정으로 진화하게 됩니다. 학습자 중심의 교육 철학이 자리 잡으며, '누가 더 잘했는가'보다 '얼마나 배웠는가' '어떻게 성장했는가'가 평가의 핵심으로 부각되기 시작했지요.

이 과정에서 형성 평가, 자기 평가, 수행 평가 같은 다양한 평가 방식이 등장했습니다.

평가란 무엇인가?

미국의 교육학자 랠프 타일러(Ralph Tyler)는 교육 평가를 다음과 같이 정의했습니다.

"교육 평가란 교육 목표가 어느 정도 달성되었는지를 판단하는 과정이다."

즉, 교사가 설정한 교육 목표가 학생에게 실제로 도달했는지를 확인하고, 그 결과를 바탕으로 교육의 효과성을 판단하는 것이 바로 평가라는 것입니다.

이 정의는 지금도 교육 현장에서 가장 기본적인 평가 철학으로 널리 사용되고 있으며, '교육은 목표가 있어야 하고, 평가는 그 목표가 성취되었는지를 확인하는 수단'이라는 관점을 강화합니다.

현대 교육에서는 평가를 '학습자에 대한 정보를 수집하고, 이를 분석·해석하여 교육적 의사 결정을 내리는 과정'으로 더 넓게 정의합니다. 즉, 단순히 점수를 매기는 것이 아니라 학생이 무엇을, 어떻게, 얼마나 배웠는가를 이해하고, 이를 바탕으로 **수업과 학습, 교육 전반을 조정하기 위한 도구**로 평가를 바라봐야 하지요.

교육에서 평가는 왜 필요한가?

평가가 필요한 이유는 다음 세 가지로 정리할 수 있어요.

목적	설명
학습 진단	학생의 현재 상태를 확인하고, 부족한 부분을 찾아냄
수업 개선	평가 결과를 바탕으로 수업을 보완하고 교수 전략을 조정함
책무성 확보	교육의 결과를 객관적으로 설명하고, 신뢰받는 근거로 활용함

이처럼 평가는 단순한 성적 산출 도구가 아니라, 학생 성장의 거울이자 수업 개선의 나침반이 되어야 합니다.

평가를 바라보는 세 가지 관점

평가는 관점에 따라 다르게 설계하고 해석합니다.

관점	주요 특징	대표 사례
측정 중심 평가	학생의 능력을 수치화하여 비교함	시험, 점수, 등급
의사 결정 중심 평가	평가 결과를 바탕으로 교육적 판단을 내림	형성 평가, 진단 평가
학습 중심 평가	평가가 학습 일부가 되도록 설계함	자기 평가, 수행 평가

과거에는 측정 중심 평가가 일반적이었지만, 현재는 학습 중심 평가로 패러다임이 전환되고 있어요. 이에 대해서는 다음 장에서 더 자세히 다룰 거예요.

마무리 Tip

평가는 교육의 끝이 아니라, 과정을 돌아보고 미래를 설계하는 창입니다.

이 책은 평가를 '수업의 연장선'이자 '학생 이해의 도구'로 바라보고자 합니다.

평가의 본질을 이해하는 것, 그것이야말로 좋은 출제의 첫걸음입니다.

평가의 기초가 되는 네 가지 전제
평가의 본질을 이해하려면 기억하자

교육에서 평가는 단순히 '점수를 매기는 일'이 아닙니다. 평가가 진정한 교육의 일부로 기능하기 위해서는 그 바탕이 되는 철학적·이론적 전제들을 이해해야 해요. 이 단락에서는 평가할 때 우리가 '은연중에' 전제로 삼는 네 가지 전제를 하나씩 살펴볼게요. 이 네 가지는 좋은 평가 문항을 설계하는 데 필요한 기본 방향입니다.

전제 1. 학습자는 발전 가능성을 지닌 존재다

평가의 전제는 모든 학생이 발전할 수 있는 존재라는 믿음에서 출발합니다. '평가'라는 행위 자체가 그 사람의 상태를 단정 짓기 위한 것이 아니라, 더 나은 방향으로 성장하도록 돕기 위한 과정이어야 하기 때문이지요.

만약 우리가 학생이 '고정된 능력'을 지녔다고 믿는다면, 굳이 평가할 필요조차 없습니다. 이미 결론이 정해진 상황에서는 무엇을 해도 달라지지 않기 때문이죠.

학생의 현재 모습을 측정하면서도 그 결과를 '미래의 성장을 위한 자극'으로 활용하고자 할 때, 비로소 평가는 교육적 의미를 갖게 됩니다. 따라서 출제 문항 하나하나에도, 학습자의 가능성을 발견하고 이끌어 내려는 태도가 필요하지요.

전제 2. 하나의 기준으로는 학습을 온전히 설명할 수 없다

평가에서 흔히 간과하는 진실 중 하나는, 어떤 문항이나 방식도 학습자의 모든 능력을 측정할 수는 없다는 점입니다. 평가란 언제나 '일부'만을 드러낼 뿐입니다.

그래서 우리는 다양한 방식과 다양한 문항을 사용해야 합니다. 예를 들어, 단순한 객관식 문항만으로는 비판적 사고력이나 문제 해결력을 평가할 수 없으며, 서술형 문항만으로도 객관적인 기준을 확보하기 어렵지요.

즉, 다양한 평가 자료를 통해 학생의 학습을 **입체적으로 바라보려**

는 **노력**이 필요합니다. 객관식, 서술형, 수행 평가, 관찰 평가 등 각각의 형식이 보완적으로 사용되어야 하는 이유도 여기에 있습니다.

전제 3. 평가는 연속적이고 종합적인 과정이다

좋은 평가는 '한순간'이 아니라 '긴 흐름' 안에서 이루어져야 합니다. 단발성 평가만으로 학생의 성장을 판단하려는 시도는 위험합니다. 한 번의 시험 점수가 학생의 모든 성취를 대변할 수는 없지요.

즉, 형성 평가와 총괄 평가, 수시 피드백과 정기 시험이 서로 연결되어 있을 때, 우리는 비로소 학생의 학습 과정을 전체적으로 이해할 수 있습니다. 평가는 수업 도중에도, 수업 후에도, 지속적이고 유기적으로 이루어져야 합니다.

전제 4. 평가는 교육적 신뢰를 기반으로 해야 한다

평가는 권력이 아닙니다. 평가란 학생, 교사, 학부모 간의 신뢰 속에서 이루어져야 하는 교육적 약속이에요. 평가 결과는 학생의 삶과 학습 방향에 영향을 미치기에, 교사는 그 책임을 가볍게 여겨서는 안 됩니다. 교사의 출제 문항 하나가 학생의 자존감에 영향을 주기도 하고, 학부모의 학교 신뢰도와 연결되기도 합니다.

신뢰는 공정성, 객관성, 타당성을 바탕으로 쌓이며, 그 시작은 결국 '정확하고 신중한 출제'에서 출발합니다.

마무리 Tip

우리는 때로 '점수'나 '등급'에만 몰두하다 보니,
평가의 근본적인 전제를 잊을 때가 있지요.
하지만 좋은 평가를 위한 첫걸음은 '왜 평가하는가?'를 되묻는 일에서 시작합니다.

- ▶ 학습자의 성장 가능성을 믿고 있는가?
- ▶ 다양한 평가 자료로 학생을 입체적으로 바라보려 하는가?
- ▶ 평가를 단발적 사건이 아닌 흐름 속에서 보고 있는가?
- ▶ 내 평가가 신뢰의 기반 위에 서 있다고 자신할 수 있는가?

이 네 가지 질문은, 앞으로 출제를 시작할 때
교사가 늘 마음속에 품어야 할 출발점입니다.

좋은 평가 문항, 어떤 조건을 갖춰야 할까?
중요한 것은 문항이 묻고 있는 방향이다

"이 문항, 잘된 문항일까?"

출제를 마친 후, 자신이 만든 문항에 대해 이런 질문을 해 본 적 있나요?

'좋은 문항'이란 단순히 맞고 틀림을 구분할 수 있는 문제를 넘어서, 교육의 목표와 평가의 목적을 제대로 반영하는 문항입니다.

그렇다면 좋은 문항은 어떤 조건을 갖추어야 할까요?

조건 1. 교육 목표와 교육 내용을 잘 반영했는가?

좋은 문항의 핵심은 '무엇을 묻는가'에 있습니다.
국가 수준의 성취 기준, 교과서의 학습 목표, 수업에서 강조한 개념들이 평가에 자연스럽게 녹아 있어야 합니다. 그런데 실제 학교 시험에서 보면 '수업에서 다뤘다는 이유만으로' 출제되지만, 정작 학습 목표와는 거리가 먼 문항들이 의외로 자주 보입니다.

- 예시
  - ✗ "선생님이 말했으니까" 출제
  - ✓ "교육과정상 주요 개념이고, 수업에서 강조한 내용" 출제

이처럼 교육과정의 본래 취지를 반영한 문항이 평가의 타당성을 높이는 첫걸음입니다.

조건 2. 적절한 난이도와 복합성을 지녔는가?

문항은 너무 쉽거나 너무 어려워도 문제가 됩니다.
너무 쉬운 문항은 학생의 학습 동기를 떨어뜨릴 수 있고, 너무 어려운 문항은 공정성과 평가 목적을 흐릴 수 있습니다. 또한 단순 지식

회상보다는 적용, 분석, 판단 같은 고차 사고를 요구하는 문항일수록 좋은 문항으로 평가받지요. 중요한 것은 **단순히 복잡하게 만드는 것이 아니라, 의미 있는 복합성을 담는 것입니다.**

- 예시
- ✗ "로마의 멸망 연도를 쓰시오." (단순 암기)
- ✓ "로마의 멸망 원인을 복합적으로 제시하고, 그중 경제적 요인을 중심으로 설명하시오." (복합적 사고)

조건 3. 문장의 명확성과 체계성을 확보했는가?

질문이 모호하거나 길고 복잡한 문장은 학생을 혼란스럽게 만듭니다.

문항의 문장은 간결하고 논리적이며 중의성이 없어야 하며, 잘못된 문장 구조(비문) 역시 없어야 합니다.

- 예시
- ✗ "철수는 영수와 순이를 좋아한다."
  - → 두 가지 해석 가능 (중의성)
- ✓ "철수는 영수와 순이, 두 사람을 좋아한다."

→ 의도가 명확하게 드러남

문항이 체계성을 지니려면 출제자의 국어 능력 또한 중요하다는 점을 기억해야 합니다.

조건 4. 평가 목적에 부합하는 문항인가?

평가의 목적이 상대적 서열(규준 참조)인지, 목표 도달 확인(준거 참조)인지에 따라 문항의 형태도 달라야 합니다.
예컨대 서술형 문항을 단순 단답형으로 내고 높은 배점을 주면, 실제로 측정하고자 하는 능력 평가와 어긋나게 됩니다.

- 예시
  수행 평가 → 학생의 성취 수준 파악 중심 → 서술형 적절
  지필 평가 → 편차 확인 목적 → 변별력 있는 객관식 문항 적절

조건 5. 참신성과 다양한 소재를 활용하는가?

좋은 문항은 기존의 문제 틀을 그대로 반복하지 않습니다.
'내용의 참신성'보다는 같은 내용을 새롭게 제시하거나 낯선 상황

에서 풀어 보게 하는 **형식의 창의성**이 더 중요합니다. 또한 일상 소재나 다양한 자료(그림, 통계, 그래프 등)를 활용하면 학생의 사고 폭을 넓히고 학습자 중심의 평가를 구현할 수 있어요.

조건 6. 측정 목적과 문항 내용이 일치하는가?

문항이 의도한 학습 요소를 제대로 측정하고 있는지 확인해야 합니다.

예를 들어, '그래프 해석 능력'을 평가하고 싶은데, 단순히 그래프에서 숫자만 읽어 내면 되는 문항이라면 타당도가 떨어지게 됩니다.

즉, 타당도는 '무엇을 측정하고 있는가?'에 대한 질문, 신뢰도는 '얼마나 일관성 있게 측정하고 있는가?'에 대한 질문입니다.

조건 7. 편파성과 오류가 없는가?

문항에 특정 집단이나 성별, 지역 등에 유리하거나 불리한 표현이 포함되어 있어서는 안 됩니다.

또한 인쇄 오류, 답지 혼란, 보기 구성의 불균형 등도 모두 문항의 신뢰도를 떨어뜨리는 요인이 되니 유의해야 합니다.

마무리 Tip

좋은 문항은 '지식'을 묻는 문제가 아니라,

'학생의 사고'를 묻는 문제입니다.

그 사고는 교사가 수업에서 강조한 개념, 함께 고민한 질문, 실생활과의 연결 속에서 살아나야 하지요.

출제 전 교사 스스로 질문해 보세요.

"이 문항, 내가 가르친 수업과 연결되는가?"

"이 문항, 학생이 무엇을 생각하게 만들까?"

"이 문항, 내가 진짜 알고 싶은 것을 묻고 있는가?"

이런 질문이 모이면, 하나의 문항이 평가 그 자체를 넘어 수업을 되돌아보는 기회가 될 수 있습니다.

타당도와 신뢰도, 왜 신경 써야 할까?
평가의 '질'을 결정짓는 두 가지 키워드

시험지를 다 만든 후, 한번쯤 스스로 이렇게 물어본 적 있나요?

"열심히 공부한 학생들은 이 문항을 잘 풀 수 있겠지?"
"공정하고 정확한 문항들을 출제했을까?"

바로 이때 점검할 두 가지 키워드가 있습니다.
타당도와 신뢰도입니다.

타당도란?

"정말 내가 측정하고 싶은 것을 정확히 측정하고 있는가?"

타당도는 **평가가 얼마나 평가 목적에 맞게 측정되었는가**를 의미합니다.
예를 들어, 창의적 사고를 평가하려는 문항이 단순 암기만 묻고 있다면, 그 문항은 타당도가 낮다고 말할 수 있겠지요.

구분	설명	예시
내용 타당도	수업 목표와 평가 문항의 일치도	성취 기준에서 다룬 개념만 출제
준거 타당도	평가 결과가 다른 지표와 얼마나 관련이 있는가	중간고사 성적과 수행 평가 성적 간 상관관계
구인타당도	측정하고자 하는 개념이나 이론을 제대로 측정하고 있는지에 대한 타당도	비판적 사고력을 평가하고자 할 때, 그 요소가 포함된 문항인지 여부

* 구인(構因, Construct): 직접적으로 관찰하거나 측정할 수 없는 추상적인 개념이나 특성.

- **타당도를 높이려면?**
  - 교육 목표와 성취 기준을 명확히 분석한다.
  - 지식만이 아닌 이해, 적용, 사고, 태도 등 다양한 차원을 문항에 반영한다.
  - 수업에서 다루지 않은 내용을 출제하지 않도록 유의한다.

- 예시
  - ✗ "다음 지문의 주제와 어휘 뜻을 쓰시오."
    → 어휘는 수업에서 다루지 않았고, 문장도 수능형으로 매우 낯설다면 타당도 낮음
  - ✓ "수업 시간에 다룬 ○○ 개념을 바탕으로 다음 상황에 적용하시오."
    → 수업과 문항의 일치도 확보 → 타당도 높음

신뢰도란?

"같은 상황에서 같은 학생이 다시 봐도 비슷한 결과가 나올까?"

신뢰도는 측정 결과의 일관성과 정확성을 말해요. 즉, 우연에 좌우되지 않고 얼마나 '안정적으로' 학생의 능력을 평가했는가를 나타내는 지표입니다.

- **신뢰도를 떨어뜨리는 요소**
  - ▸ 채점 기준이 모호하거나 주관적일 경우
  - ▸ 문항의 난이도가 극단적이거나 문항 수가 너무 적을 경우
  - ▸ 시험지 편집이 잘못되어 학생이 혼란을 겪는 경우

- **신뢰도를 높이려면?**
    - ▸ 객관식 문항은 정답과 오답의 기준을 명확히 해야 한다.
    - ▸ 서술형 문항은 채점 기준표를 활용하여 채점자의 편차를 줄인다.
    - ▸ 시험 범위와 수준을 고려한 문항 수와 균형을 확보한다.

    - • 예시
    - ✗ "인권이 중요한 이유를 서술하시오."
        → 너무 포괄적이고 채점 기준이 모호함 → 신뢰도 낮음
    - ✓ "자료 A에 비추어 인권이 침해된 이유를 서술하고, 그 대안을 제시하시오."
        → 사고 과정 구조 제시+기준표 활용 가능 → 신뢰도 높음

타당도 vs. 신뢰도

즉, 신뢰도는 타당도를 받쳐 주는 기초입니다.

시험을 아무리 일관되게 채점한다 하더라도 애초에 잘못된 것을 측정하고 있다면(타당도 부족), 그 평가는 무의미해질 수 있습니다.

비교 항목	타당도	신뢰도
정의	측정하고자 하는 것을 정확히 측정했는가	측정 결과가 일관되게 나오는가
초점	무엇을 측정했는가	얼마나 일관되게 측정했는가
예시	주제 파악 평가인데 어휘력만 평가하면 타당도 낮음	채점 기준 없이 감으로 서술형을 채점하면 신뢰도 낮음
관계	타당도가 높기 위해선 신뢰도가 뒷받침되어야 함	신뢰도는 타당도의 필요조건이지만, 충분조건은 아님

마무리 Tip

교사는 보통 "문항이 어렵다."라거나 "학생들이 많이 틀렸다."라는 점에만 주목하지만, 좋은 평가 문항은 학생의 성장을 돕고, 교사의 수업을 반성하게 만드는 도구여야 합니다.

그래서 출제 후 한번쯤 이렇게 되묻는 게 좋습니다.

▶ 이 문항은 수업 목표와 연결되어 있나? (타당도)
▶ 이 문항은 누구나 같은 기준으로 채점될 수 있나? (신뢰도)

이 두 기준이 균형 있게 작동할 때, 그 문항이 비로소 '좋은 평가'가 된다는 것을 기억해 주세요.

3장

배움을 이끄는 평가 설계하기

"평가는 수업의 종착지일까, 아니면 새로운 시작일까?"

좋은 문항은 수업을 살리고 새로운 수업을 시작하게 합니다.

① - 평가는 수업의 종착지가 아니다

② - 좋은 문항은 수업을 살린다

③ - 학생 피드백과 성찰을 돕는 문항 설계

④ - '배움을 이끄는 진짜 평가'란?

평가는 수업의 종착지가 아니다
시험을 끝으로 수업이 끝나는 게 아니라, 다시 시작된다

"시험 다 끝났으니까, 이제 진짜 수업해도 되겠네요."

학기 중간이나 기말 시험이 끝난 후 학생들 입에서 종종 나오는 말입니다. 어쩌면 무심코 지나칠 수 있는 말이지만, 이 한마디에는 평가를 바라보는 우리 교육의 단면이 고스란히 담겨 있지요.

평가 = 수업의 마침표
시험 끝 = 학습 종료

이런 인식이 당연한 듯 자리 잡고 있는 것입니다.

평가가 '끝'일 필요는 없다

교사 입장에서 평가란 '학생의 배움이 어디까지 왔는가'를 확인하는 과정입니다. 즉, 평가란 정리나 종료가 아니라 다음 수업을 위한 출발점이자 중간 점검이어야 하지요.

평가는 학습을 멈추기 위해 존재하는 것이 아니라, **배움이 더 깊어질 수 있도록 돕기 위해 존재**합니다. 만약 평가가 학습의 종착지라고 한다면, 학생들은 평가가 이루어진 후에 다시는 학습할 이유가 없지요. 비슷한 의미로 많은 학생이 시험이 끝난 후에 모든 것을 다 잊어버리는 '휘발성 기억'을 경험하곤 해요.

'진짜 평가'는 무엇을 위한 것일까?

'진짜 평가'란 학생의 성적을 매기기 위한 도구가 아니라 학생의 사고 흐름을 읽고, 다음 수업을 설계하며, **학생 스스로 자신의 학습을 성찰하도록 돕는 피드백 도구**입니다. 이것이 현실을 잘 모르는 생각이라고 누군가 말할지도 모르지만, 진실은 진실입니다. 다만 이 의미가 실현되지 못하고 있는 것이지요.

현실에서는 종종 평가가 곧 성적 계산으로만 귀결되고, 점수라는 숫자가 학생의 모든 것을 정의해 버리며, 교사에게도 행정 업무나 등

급화의 도구로 변해 버리곤 합니다. 그 결과, 평가가 학습을 돕기는커녕 학습을 왜곡하거나 제한하는 힘으로 작용하지요.

관점의 전환이 필요하다

이제는 **평가를 '끝'이 아니라 '사이'로 바라볼 때**입니다. 평가를 통해 학생의 현재를 읽고, 다음 수업을 어떻게 열어 갈지 고민하는 것, 그것이야말로 교사만이 할 수 있는 평가의 재구성이에요.

- ▶ 시험이 끝난 후, 학생에게 어떤 피드백을 주었나?
- ▶ 점수를 받은 학생은 그 문제에서 무엇을 배웠다고 느꼈을까?
- ▶ 다음 수업은 평가 결과를 바탕으로 얼마나 달라졌나?

이런 질문들이 우리를 다시 수업의 출발점으로 데려다 놓습니다.

수업의 마지막은 평가로 완성되고, 그 평가로 다시 수업이 시작된다

예를 들어볼까요? 한 선생님이 학생들에게 '소설 속 인물의 태도 변화'를 중심으로 수업을 구성했다고 가정해 봅시다. 평가 문항으로는 다음과 같은 객관식 문항을 냈습니다.

"다음 보기 중, 인물 A의 태도 변화에 가장 적절한 설명은?"
① ~~~ ② ~~~ ③ ~~~ ④ ~~~ ⑤ ~~~

그런데 상당수 학생이 정답을 고르지 못했습니다.
이럴 경우, 선생님은 다음과 같이 돌아볼 수 있겠지요.

▸ 수업 중 A의 태도 변화에 대해 충분히 구체적인 예를 들며 설명했는가?
▸ 그 변화의 전환점이 되는 사건이나 대사를 명확히 강조했는가?
▸ 학생들이 그 장면을 자신만의 언어로 설명할 기회를 가졌는가?

이런 질문은 모두 '**수업을 더 잘하게 만드는 평가의 피드백**'입니다.
즉, 평가는 교사의 수업을 비추는 거울이며, 학생의 학습을 이끄는 발화점이 됩니다. 다음 시간 수업을 어떻게 구성할 것인지, 어떤 개념을 다시 한번 강조할지, 혹은 어떤 오개념을 전반적으로 수정할지를 판단하는 데 평가만큼 명확한 자료는 없습니다.

평가, 한 걸음 더 나가기

'평가 잘하기'라는 것은 단순히 채점을 잘하고 점수를 잘 계산하는 일이 아니라, 학생의 배움과 수업의 흐름을 끝까지 책임지는 일이에요. 평가가 **배움의 종착지가 아니라, 새로운 질문의 시작점**이 될 수 있다면, 그 평가야말로 진짜 살아 있는 교육의 일부가 될 것입니다.

일부 교육 시스템은 이러한 관점을 제도적으로 잘 구현하고 있어요. 대표적인 사례가 '과정 중심 평가' 혹은 'IB(국제 바칼로레아) 교육과정'이에요.

이런 시스템에서는 평가를 단순한 결과 측정이 아닌, 학생의 사고, 탐구, 자기 성찰을 돕는 과정으로 정의해요. 학생들이 단답형 문제를 맞히는 데 그치지 않고 스스로 질문을 만들고, 타당한 근거를 들어 답하며, 그 과정을 되돌아보게 하는 것이 평가의 핵심이지요.

이를 위해 형성 평가를 매우 중시하고, 루브릭 기반의 과정 중심 평가를 활용하며, 평가 결과를 통해 학생의 성장 경로와 학습 전략을 함께 분석합니다. 다시 말해, 과정 중심 평가에서 중요한 것은 '점수'가 아니라, '성장' 그 자체예요.

이처럼 평가가 '수업의 끝'이 아닌, 다음 배움으로 연결되는 고리가 될 수 있다면, 우리의 수업도 조금씩 달라질 수 있습니다.

일반 평가 vs. 과정 중심 평가 비교

항목	일반 평가 관점	과정 중심 평가 관점
평가 시점	수업의 마지막	수업의 일부
평가 방식	정답 중심	과정 중심
학생 역할	평가 대상	평가 참여자

마무리 Tip

수업과 평가를 따로 떼어 놓고 생각하면

출제는 늘 어렵고 부담스러운 과업이 됩니다.

하지만 평가를 수업의 일부, 학습의 동반자로 바라보면

출제의 방향도 자연스럽게 보이기 시작하지요.

이제는 "이 문제로 무엇을 점검할까?"가 아니라,

"이 평가를 통해 무엇을 더 배우게 할까?"로 질문을 바꿔야 할 때예요.

좋은 문항은 수업을 살린다
질문 하나가 수업 전체의 흐름을 바꾼다

"이 문항 하나로 수업의 핵심을 되짚게 만들 수 있을까?"

이런 고민을 하며 문항을 설계해 본 적 있나요?
단순히 정답을 맞히는 문항이 아니라 학생 스스로 수업 내용을 다시 떠올리고, 놓쳤던 개념을 다시 짚게 만드는 문항이라면 그 하나만으로도 수업 전체가 살아납니다.
문항은 단순한 점검 도구가 아닙니다. 수업의 구조를 잡고, 배움의 맥락을 되살리는 힘을 가지고 있습니다.

문항 하나가 수업의 '생각 구조'를 되살린다

예를 들어, 다음 두 문항을 비교해 볼게요.

문항 A: "이 글의 주제를 고르시오."
문항 B: "글쓴이는 어떤 배경에서 이 글을 썼으며, 그 배경이 주제에 어떤 영향을 미쳤는지 설명하시오."

문항 A는 수업이 강조했던 '주제 파악'이라는 목표에만 닿아 있습니다. 하지만 문항 B는 수업 시간에 다뤘던 글의 배경, 글쓴이의 의도, 논리적 연결, 문맥 추론 등을 모두 다시 떠올리게 만들지요.

이런 문항은 학생이 시험장에서 문제를 읽는 순간, 자연스럽게 수업 장면을 복기하게 합니다.

"아, 선생님이 이 부분에서 강조하셨지."
"그때 친구가 말했던 예시가 이거랑 연결되네."

이렇게 '수업·문항·배움'의 고리가 연결되는 겁니다.

문항의 구성은 수업의 구조와 닮아야 한다

문항이 수업을 반영한다는 것은 단순히 수업 시간에 말했던 내용을 문제로 낸다는 뜻이 아닙니다.

다음과 같은 질문을 떠올려 보세요.

- ▶ 이 수업의 핵심 개념은 무엇인가?
- ▶ 학생들이 가장 어려워했던 부분은 어디였나?
- ▶ 어떤 개념을 연결하면 사고 확장을 유도할 수 있을까?
- ▶ 수업 중 어떤 활동이 학생들의 반응을 이끌어 냈는가?

이 질문에 답하는 과정 자체가 '문항 설계'입니다.

좋은 수업은 학생들의 생각을 흔듭니다. 좋은 문항은 그 흔들림을 정리하도록 돕습니다.

평가의 한 문장이 학생의 배움 전체를 이끈다

다음은 실제 평가에서 활용한 문항 예시입니다.

"다음 장면은 인물 A가 중요한 결정을 내리기 직전의 상황입니다.

이 장면에서 인물의 태도 변화가 드러나는 부분을 찾아 설명하고, 그 변화의 원인을 자신의 말로 설명해 보세요."

이 문항은 단순히 '인물의 성격'을 묻는 것이 아닙니다.

텍스트 속에서 근거를 찾아야 하고, 변화가 어디서 비롯되었는지 추론해야 하며, 자신의 언어로 정리하는 과정까지 요구합니다.

이처럼 문항 하나가 수업 전체의 목표를 정리하고, 다음 배움을 위한 다리를 놓을 수 있다면, 그 자체로 이미 좋은 수업의 일부가 되는 셈입니다.

마무리 Tip

문항은 수업을 닮아야 합니다.

학생이 문항을 보고 다시 수업 장면을 떠올리고, 개념과 활동을 연결할 수 있다면 그 문항은 이미 살아 있는 문항입니다.

좋은 문항은 교사의 수업 철학과 학생의 배움을 매개하는 다리입니다.

"무엇을 평가할까?"라는 질문보다,

"무엇을 다시 생각하게 할까?"를 떠올리며 문항을 만들어 보세요.

수업이 살아나기 시작할 거예요.

학생 피드백과 성찰을 돕는 문항 설계
정답을 맞히는 것보다 배움을 되돌아보게 하는 것

    문항을 출제할 때 우리는 보통 '어떤 지식을 확인할까?' '어떤 문항을 출제하면 학생들이 틀릴까?'에 초점을 두기 쉽지요. 하지만 조금만 시선을 바꾸어 보면, 평가 문항이 학생에게 배움의 전환점이 될 수도 있다는 것을 발견할 수 있습니다.

    학생이 문항을 통해 '자신의 생각을 점검하고' '무엇을 놓쳤는지 알게 되며' '다음엔 어떻게 해야 할지' 생각하게 된다면, 그것이야말로 가장 교육적인 평가일 겁니다.

피드백이 되지 않는 평가, 성장으로도 이어지지 않는다

시험이 끝난 후 학생들의 말을 들으면 다음과 같은 반응이 많습니다.

"어? 나는 이게 맞는 줄 알았는데 왜 틀렸지?"
"이건 그냥 감으로 찍었는데, 맞았네?"
"아, 선생님이 강조하신 부분이 이거였구나."

이런 반응들이 자연스럽게 나올 수 있는 문항은 평가를 '종료'가 아니라 '성찰의 시작'으로 바꿔 줍니다. 그래서 교사는 단지 '정답'을 고르는 것에 그치지 않고, 학생이 자신의 사고 과정을 되돌아볼 수 있게 문항을 설계해야 하지요.

생각을 되돌아보게 만드는 문항의 특징

- **선택 이유를 쓰게 하는 문항**
  → 단답형으로 끝나는 것이 아니라, 왜 그런 선택을 했는지를 간단히 서술하도록 유도합니다.
  예시: "다음 중 가장 적절한 의견을 고르고, 그 이유를 한 문장으

로 설명하세요."

- **틀릴 만한 오개념을 포착하도록 구성된 문항**

    → 학생이 수업 시간 중에 오개념을 갖는 모습을 발견했을 때, 이를 평가 문항의 선지(답지)에 반영하면, 수업 때 오개념을 가졌던 학생에게 명확한 피드백의 기회를 줄 수 있습니다.

- **비교나 대조를 통해 판단을 유도하는 문항**

    → "A와 B 중 어느 것이 더 타당한 주장인가? 그 이유는?"

    이런 문항은 '정답을 맞혔는가'보다 '무엇을 근거로 그렇게 판단했는가'를 생각하게 합니다. 그 과정에서 학생은 스스로 돌아보고, 자신의 사고 흐름을 점검하게 됩니다.

'문항 자체가 피드백'이 되는 구조

모든 학생에게 개별 피드백을 주기란 현실적으로 어렵습니다. 그렇다면 문항 자체가 피드백이 되도록 만드는 것도 하나의 방법이에요.

예를 들어, 같은 개념을 묻는 두 문항을 연속으로 배치하는 방식입니다.

문항 1: 개념 이해를 묻는 기본형

문항 2: 같은 개념을 응용하는 적용형

이렇게 배치하면, 문항 1에서 정답을 맞히고도 문항 2에서 틀렸을 경우에 "아, 개념은 알았지만 적용은 안 되는구나." 하고 학생 스스로 깨닫게 됩니다.

이런 구조는 자연스럽게 자기 성찰을 유도하고, 평가를 통한 배움으로 연결되지요.

마무리 Tip

"이 문항을 푼 뒤, 학생들은 무엇을 배우게 될까?"

문항을 만들며 이 질문을 자주 떠올려 보세요.

문항은 점수를 매기는 도구이기도 하지만,

학생의 생각을 되돌아보게 하는 '질문'이기도 합니다.

이 질문이 학생의 배움에 가벼운 흔적이라도 남긴다면,

그 문항은 이미 제 역할을 다한 것입니다.

'배움을 이끄는 진짜 평가'란?
평가가 남기는 것은 점수가 아니라 질문이어야 한다

평가가 끝나고 남는 것은 성적표일까요?
아닙니다.
진짜 교육적인 평가는 학생에게 질문을 남깁니다.

"왜 틀렸지?"
"어떻게 하면 더 잘할 수 있을까?"
"내 생각을 더 정리해서 말할 수는 없을까?"

이런 질문이 학생에게서 스스로 나온다면, 그 평가 문항은 그 자체로 학습을 이끈 것입니다. (물론 현실에는 잘 없는 일이긴 합니다.)

점수보다 중요한 것, '배움의 흔적'

학교 현장에서는 점수가 중심이 되는 경우가 많습니다. 하지만 좋은 문항은 **점수를 넘어 '배움의 흔적'**을 남겨야 합니다.

이런 문항은 다음과 같은 특징을 지닙니다.

- **학생의 사고를 드러나게 한다.**

단순 정답보다, 학생이 어떤 생각을 거쳐 왔는지를 보여 주는 문항은 교사에게도 소중한 자료가 됩니다.

- **'배움의 격차'를 드러낸다.**

같은 문제라도 어떤 학생은 핵심을 정확히 짚고, 어떤 학생은 주변 지식만 반복합니다. 이 차이를 통해 교사는 수업을 재설계하고, 학생은 자신의 학습 방향을 조정할 수 있습니다.

- **수업을 다음 단계로 이끈다.**

문항은 수업의 종착점이 아니라, 다음 수업의 시작점입니다. 문항 하나하나가 다음 수업의 질문이 되고, 탐구가 되며, 활동이 될 수 있습니다.

'배움을 이끄는 진짜 평가'를 위한 교사의 시선 전환

진짜 평가를 위해 교사가 가져야 할 질문은 다음과 같습니다.

"이 문항을 통해 학생이 어떤 사고를 하게 될까?"
"학생이 이 문항을 통해 다음엔 무엇을 더 배우게 될까?"
"이 문항을 통해 수업이 어떻게 이어질 수 있을까?"

이런 질문은 단순히 점수화되는 시험이 아니라, 학생의 배움과 교사의 수업을 동시에 성장시키는 평가로 이끌어 줍니다.

- **문항이 수업의 미래를 만든다.**

어떤 교사는 수업을 위해 평가를 하고, 어떤 교사는 평가를 위해 수업을 합니다. 전자는 평가가 수업의 일부이고, 후자는 평가가 수업의 목표인 셈입니다.

하지만 '배움을 이끄는 진짜 평가'는 평가가 **수업을 확장하는 계기**가 됩니다. 문항이 학생의 생각을 확장하고, 수업의 방향을 선명하게 해 주는 거지요.

평가의 중심을 '과정'으로 옮겨야 하는 이유

과정 중심 평가란 학습의 끝만 보는 것이 아니라, 학습하는 '도중'의 모습을 들여다보는 평가예요. 학생이 어떤 오개념을 가지고 있었는지, 피드백 이후 어떻게 반응하고 바뀌었는지, 여러 번 시도하며 문제를 해결해 나가는 모습이 있었는지, 이 모든 것은 점수로는 보이지 않지만, 배움의 본질을 보여 주는 증거입니다.

- **실수도, 오답도, 성장의 단서가 된다.**

우리는 가끔 실수나 오답을 그저 감점의 이유로만 생각합니다. 하지만 잘 만든 문항은 학생의 오답 안에서 '무엇을 오해했는지' '어디서 사고가 끊겼는지'를 알려 주는 지도가 됩니다.

예를 들어, 학생이 A를 답으로 골랐지만 그 선택에 나름의 논리가 있었다면, 그건 단순한 '틀림'이 아니라 '다시 이어질 수 있는 사고'의 흔적이에요.

- **성장을 보려면, 결과보다 흐름을 기록해야 한다.**

과정(성장) 중심 평가는 교사에게도 새로운 시선을 요구해요. 점수 옆에 학생의 언어를 기록하고, 같은 유형의 문항에서 어떻게 달라졌는지를 기억하고, 과제나 수행 평가에서 학생이 보여 준 '이전과 다른 방식'을 읽어 낼 수 있어야 하지요.

    교육은 점수로 환산되는 결과보다, 변화가 감지되는 흐름을 포착하는 일이니까요.

- **교사의 체크리스트**
    - ▸ 이 학생은 이전보다 더 나아졌는가?
    - ▸ 지금 이 결과가 전부일까, 아니면 하나의 순간일까?
    - ▸ 나는 이 아이의 과정 전체를 바라보고 있는가?

마무리 Tip

수업은 교사의 말로 시작되지만,

좋은 평가는 학생의 말로 끝나야 합니다.

학생이 그 평가를 통해 자신의 생각을 돌아보고,

다시 말할 수 있게 된다면,

그것이 바로 '배움을 이끄는 진짜 평가'입니다.

4장

꼭 지켜야 할 출제의 기본 원칙

"성취 기준을 모른 채 출제한다면,

나침반 없이 항해하는 것과 같다."

① - 성취 기준과 평가 문항 연결하기

② - '평가 기준표'를 활용한 출제 설계

③ - 문항 난이도 조절 감각 익히기

④ - 좋은 문항 vs. 나쁜 문항

①
성취 기준과 평가 문항 연결하기
기준 없는 평가는 지도 없는 항해

출제를 처음 시작할 때 가장 많이 듣는 말 중 하나가 "성취 기준을 보고 문제를 만들어야 한다."입니다. 하지만 막상 성취 기준을 펼쳐 보면, 짧은 문장 속에 담긴 의미를 정확히 읽어 내기 어렵습니다. 게다가 현실 수업에서는 성취 기준을 의식하기보다 교과서 구성이나 수업 활동에 따라 흐르는 경우도 많습니다.

그러다 보니 출제를 할 때, 혼란을 겪게 됩니다.

"어디에 맞춰 문제를 내야 하지?"
"내가 강조했던 내용이 성취 기준이었나?"

왜 성취 기준을 먼저 봐야 할까?

성취 기준은 수업과 평가를 연결하는 다리입니다. 수업은 성취 기준을 향해 가는 여정이고, 평가는 **그 여정의 중간에서 방향을 점검하는 작업**이지요. 성취 기준을 무시하고 출제하면, 수업과 평가가 따로 놉니다. 성취 기준만 맹목적으로 따르다 보면, 평가가 수업의 맥락을 잃어버립니다. 그래서 필요한 것은 수업에서 강조한 핵심 내용과 성취 기준을 연결해 읽는 감각입니다.

성취 기준 읽기의 세 가지 포인트

성취 기준을 보고 문항을 만들기 위해서는 막연히 읽는 것이 아니라, '출제를 위한 눈'으로 읽어야 합니다.

다음 세 가지 질문을 떠올리며 읽어 보세요.

질문	목적
① 이 성취 기준은 학생이 "어떤 능력"을 갖추게 하려는 걸까?	사고 과정 파악
② 이 성취 기준은 학생이 "어떤 행위"를 할 수 있게 하려는 걸까?	수행 행동 확인
③ 이 성취 기준은 "어떤 지식"을 학생이 이해하기를 원하는 걸까?	지식 내용 확인

예를 들어,

- ▸ 능력: 비교, 해석, 분석, 종합
- ▸ 행위: 설명하기, 선택하기, 판단하기, 재구성하기
- ▸ 지식: 개념, 사실, 원리, 절차

이렇게 쪼개서 읽으면, 출제할 때 "무엇을, 어떤 형태로, 어느 수준까지 묻겠다."라는 감이 잡힙니다.

사례로 살펴보는 성취 기준 읽기

- 예시

성취 기준(사회과): "지리 정보 기술의 발달이 인간 생활에 미친 영향을 탐구한다."

출제를 위한 질문과 연결하면

- ▸ 능력: 변화의 인과관계를 분석하는 사고
- ▸ 행위: 탐구하고 설명하기
- ▸ 지식: 지리 정보 기술과 인간 생활의 변화 사례

- 이 성취 기준에 맞는 문항 예시

"다음 중 지리 정보 시스템(GIS)의 발달로 인한 생활의 변화를 가장 잘 설명한 것은 무엇인가?" 또는 "지리 정보 기술이 도시 계획에 어떤 영향을 주었는지 서술하시오."

성취 기준을 출제에 연결할 때 주의할 점

성취 기준을 그대로 베껴 문제를 만들면 학생의 사고를 요구하지 않게 되고, 그저 사실 그 자체를 묻게 되는 경우가 많지요. 이때 성취 기준의 의미를 재구성하여 문항화해야 합니다.

성취 기준 중 '~한다'로 끝나는 행동을 출제할 때는 행동(탐구, 비교, 판단)까지 평가할 수 있는 문항으로 만들어야 합니다. 단, 주의할 점으로는 성취 기준에 없는 내용을 추가하거나 과도하게 범위를 확장하면, 수업·평가 일치성이 무너질 수 있다는 것을 염두에 두면 좋습니다.

교사의 체크리스트

문항을 만들 때 이렇게 스스로 물어보세요.

▸ 이 문제는 어떤 성취 기준에 근거하고 있는가?

- 학생은 이 문제를 풀면서 어떤 사고 과정을 거치게 되는가?
- 이 문항은 수업의 흐름과 자연스럽게 연결되는가?
- 단순 암기가 아니라 사고와 이해를 평가하고 있는가?

마무리 Tip

성취 기준은 출제를 위한 '규칙'이 아니라,

학생의 배움을 설계하는 안내서입니다.

성취 기준을 정확히 읽고 그 의미를 학생과 수업, 평가 속에

자연스럽게 녹여 낼 수 있다면,

그때 비로소 출제는 수업을 이어가는 자연스러운 과정이 됩니다.

출제는 성취 기준과 수업을 이어붙이는 다리입니다.

그 다리가 튼튼할수록, 학생의 배움도 단단해집니다.

'평가 기준표'를 활용한 출제 설계
목표가 보이면, 문제는 훨씬 쉽게 만들어진다

성취 기준을 읽고, 그 의미를 파악했더라도 막상 문제를 만들려고 하면 또다시 막막함을 느끼게 되지요.

"그래서 구체적으로 뭘 물어봐야 하지?"
"출제 난이도는 어떻게 조절해야 하지?"

이때 필요한 것이 바로 평가 기준표예요. 평가 기준표는 출제의 나침반이자, 수업·평가·학습을 연결하는 설계도 역할을 하지요. 문항 정보표는 구체적으로 문항 출제를 할 때 사용하고, 평가 기준표는 평가 계획에 전체 평가의 틀을 잡아 두는 것입니다.

평가 기준표란 무엇인가?

평가 기준표는 성취 기준을 세분화하여 구체적인 평가 항목과 수준을 정리한 표입니다. 쉽게 말하면,

- ▶ 무엇을 평가할 것인가
- ▶ 어떤 수준까지 묻고 확인할 것인가
- ▶ 어떤 방식으로 채점할 것인가

이 사항을 미리 구조화해 두는 문서예요. 평가 기준표를 잘 만들면, 출제와 채점이 훨씬 명확하고 일관성 있게 갖춰집니다.

평가 기준표의 기본 구성 요소

구성 항목	설명
평가 요소	평가할 핵심 내용 또는 기능
성취 수준	기대하는 수행 수준의 단계 (예: 우수·보통·미흡)
세부 기준	수준별 구체적인 성취 모습

- 간단한 평가 기준표 예시(사회과, 지리 단원)[1]

평가 요소	우수	보통	미흡
지리 정보 기술의 이해	기술의 개념과 예시를 정확히 설명하고, 응용 사례까지 제시함	기술의 개념과 예시는 설명하지만, 응용 사례 제시는 부족함	기술의 개념을 정확히 설명하지 못하거나 예시가 부정확함
변화 탐구 능력	기술 발달이 가져온 변화를 구체적 사례로 분석함	기술 발달과 변화의 관계를 간단히 서술함	기술 발달과 변화의 관계를 명확히 연결하지 못함

→ 이렇게 세분화해 두면, 문항을 만들 때 "무엇을, 어떤 수준까지" 요구할지 명확하게 설정할 수 있습니다.

평가 기준표가 출제를 돕는 이유

- **문항 설계가 명확해진다.**

    → 무엇을 묻고 싶은지 분명히 알 수 있으니, 문두와 선지가 깔끔하게 정리됩니다.

---

[1] 각 교과의 예시는 교과 선생님의 자문을 구하거나 자료를 참조해 작성했습니다. 혹시 교과의 엄격한 기준에 부합하지 못하거나 오류가 있다면 연락해 주면 고맙겠습니다. 아울러 각 교과의 예시는 그 교과에만 한정되는 문제가 아니라 범교과적으로 생각해 보기 위한 것이므로 각 교과 예시는 본인의 교과로 환원하여 생각하면서 보기를 권장합니다.

- 출제 난이도 조절이 수월해진다.

    → 기준표를 보고 '기본 수준'과 '심화 수준' 문제를 구분합니다.

- 채점 기준이 명확해진다.

    → 서술형 문항도 주관적 채점 위험을 줄이고, 객관성을 확보할 수 있습니다.

평가 기준표를 활용한 문항 제작 과정

- 성취 기준을 분석하고, 평가 요소를 정리한다.

    → (예시) "지리 정보 기술 이해"/"변화 분석 능력"

- 평가 요소별 기대 수준을 구체적으로 설정한다.

    → (예시) "개념+예시+응용 사례까지 설명" 수준

- 이 기준에 맞춰 문항의 문두와 선지를 설계한다.

    → (예시) "다음 중 GIS 발달로 인한 변화로 적절하지 않은 것은?"

- 채점 기준도 미리 설정한다.

    → (예시) "핵심 키워드 3개 이상 포함 시 만점"

■ **교사의 체크리스트**

문항을 만들기 전, 평가 기준표를 다시 들여다보며 점검하세요.

▸ 이 문항은 평가 요소 중 어떤 부분을 겨냥하고 있는가?
▸ 이 문제는 '우수·보통·미흡'을 구별할 수 있을 정도로 다양한 사고 수준을 요구하는가?
▸ 이 문항은 수업 시간에 다룬 핵심 흐름과 자연스럽게 연결되는가?

마무리 Tip

목표가 명확하면, 출제는 훨씬 쉬워집니다.
평가 기준표를 만드는 일은 번거롭게 느껴질 수도 있지만, 한 번 제대로 만들어 두면, 수업도 평가도 훨씬 더 단단한 연결고리를 갖게 됩니다.
좋은 문항은 '순발력'이 아니라,
탄탄한 기준과 세심한 설계에서 나옵니다.

문항 난이도 조절 감각 익히기
시험은 어렵게 내는 게 아니라 '균형 있게' 내는 것

출제를 하다 보면 이런 고민에 빠지게 됩니다.

"문제 난이도가 너무 쉬운 건 아닐까?"
"이 문제는 너무 어려운 건 아닐까?"

특히 초임 교사 시절이나 첫 출제 때는 '쉬운 문제=부끄러운 문제'처럼 느껴지기도 하고, '어려운 문제=전문가다운 출제'처럼 착각하기도 합니다. 하지만 좋은 시험은 쉽고 어려운 문제를 적절히 섞어내어, 학생의 학습 수준을 정확히 드러낼 수 있게 하는 것입니다.

난이도란 무엇인가?

난이도는 단순히 '문제를 얼마나 맞히는가'만으로 결정되지 않습니다. 난이도는 다음 요소들의 조합으로 형성됩니다.

요소	설명
사고 수준	단순 기억 → 이해 → 적용 → 분석 → 평가
문제 조건	정보량, 제시문 길이, 지문 복잡성
오답지 구성	헷갈리는 보기, 유사 개념의 배열
답 찾는 방식	바로 찾기 vs. 사고를 통한 추론

즉, 문제를 '꼬았느냐'가 아니라, 학생에게 요구하는 사고의 깊이와 과정이 난이도를 결정합니다.

문제 난이도 조절의 기본 원칙

- **쉬운 문제는 명확하고 빠르게 답을 찾을 수 있어야 한다.**
  → 수업에서 다룬 핵심 개념이나 사실을 직접적으로 묻는 문제

- **보통 문제는 이해와 적용을 요구해야 한다.**

    → 배운 내용을 활용하거나 비교하는 문제

- **어려운 문제는 사고의 확장을 요구해야 한다.**

    → 주어진 조건을 분석하거나, 비슷한 사례를 구분하거나, 새롭게 종합하는 문제

    한 시험지 안에는 이 세 종류가 모두 적절히 섞여 있어야 합니다.

난이도 조절의 실제 예시

- 국어과 예시

수업 주제: 설명하는 글의 특징

난이도	문항 예시
쉬움	"설명하는 글의 특징으로 적절하지 않은 것은?"(선택형)
보통	"주어진 글을 읽고, 글쓴이의 설명 방식을 분류하시오."
어려움	"자신이 직접 겪은 사건을 설명문 형식으로 다시 써 보시오."

- 과학과 예시

수업 주제: 광합성의 과정

난이도	문항 예시
쉬움	"광합성에 필요한 두 가지 물질은?"(단답형)
보통	"광합성 과정에서 빛의 역할을 설명하시오."(서술형)
어려움	"광합성과 관련된 실험 설계 시 주의할 점을 설명하시오."(적용형)

난이도 설계에서 주의할 점

- **쉬운 문제라도 너무 '낯선 표현'이나 '불필요한 추가 정보'를 넣지 않는다.**
  → 핵심을 명확히 드러내야 합니다.

- **어려운 문제라도 학생이 수업 시간에 훈련한 사고 흐름 안에서 해결할 수 있게 해야 한다.**
  → 완전히 새로운 내용을 던지는 것은 좋은 난이도 조절이 아닙니다.

- **'어렵게 꼬기'는 난이도 조절이 아니다.**
  → 복잡하게 만드는 것이 아니라, 사고를 한번 더 요구하도록 설계해야 합니다.

- **교사의 체크리스트**
  - ▸ 이 시험지는 '쉬움·보통·어려움'이 골고루 섞여 있는가?
  - ▸ 쉬운 문제는 학생에게 확실한 자신감을 줄 수 있는가?
  - ▸ 어려운 문제는 수업 내용을 응용하거나 확장하는 사고를 요구하는가?
  - ▸ 모든 문제는 수업의 핵심과 연결되어 있는가?

마무리 Tip

출제는 학생을 시험에 빠뜨리는 함정을 만드는 것이 아니라,
학생이 배운 것을 무대 위에 자연스럽게 올릴 수 있도록 무대를 만들어 주는 일입니다.
쉬운 문제로는 학생이 배운 내용을 확인할 수 있어야 하고,
어려운 문제로는 학생이 어디서 사고를 확장하고, 어디서 생각을 멈추는지를 볼 수 있어야 합니다.
균형 잡힌 시험은 학생에게도 교사에게도 '배움의 지도'를 그려 줍니다.

좋은 문항 vs. 나쁜 문항
문제 하나에도 '좋은 수업'과 '나쁜 수업'이 담겨 있다

문항을 잘 만든다는 것은 단순히 '틀리게 하는 문제'를 만드는 것이 아닙니다.

좋은 문항은

- ▸ 학생이 배운 내용을 떠올리게 하고,
- ▸ 사고의 흐름을 따라가게 하며,
- ▸ 성취 기준을 자연스럽게 드러나게 합니다.

반면 나쁜 문항은

- 단순히 헷갈리게 하거나,
- 의미 없는 기억을 요구하거나,
- 수업과 무관한 지식을 시험하려 듭니다.

좋은 문항과 나쁜 문항을 가르는 기준

구분	좋은 문항	나쁜 문항
수업 연결성	수업에서 다룬 개념과 사고 흐름을 묻는다	수업과 관련 없는 배경 지식을 묻는다
사고 유도	이해, 적용, 분석을 요구한다	단순 암기나 지엽적인 사실을 묻는다
명료성	문두가 간결하고 선지가 명확하다	문두가 모호하고 선지가 중복·모순된다
난이도 조절	쉬운·보통·어려운 문제를 균형 있게 구성한다	모두 쉬워서 변별이 없거나 모두 어려워서 포기하게 만든다

실제 예시로 비교하기

- 국어과 예시

수업 주제: 인물의 성격을 파악하는 방법

나쁜 문항 예시: "다음 중 ○○ 소설의 주인공 이름은 무엇인가?"
→ 문제점: 인물 성격을 이해하는 것이 아니라, 단순 외우기만 요

구하고 있습니다. 물론 주인공의 이름을 아는 것은 작품을 읽고 난 후에 기본적인 지식이 될 수 있으나, 문항으로 출제해야 할 만큼 중요한 요소는 아닙니다.

좋은 문항 예시: "○○ 소설의 주인공이 보여 준 주요 행동을 근거로, 그의 성격을 가장 적절하게 설명한 것은?"
→ 장점: 수업에서 다룬 '인물의 성격을 파악하는 방법'과 자연스럽게 연결되어 있습니다.

• 사회과 예시
수업 주제: 산업 혁명과 사회 변화

나쁜 문항 예시: "산업 혁명 당시 발명된 기계가 아닌 것은?"
→ 문제점: 단순 암기. 사회 변화의 맥락을 이해할 기회를 주지 않습니다. 이러한 내용은 검색하면 바로 찾을 수 있으며, 굳이 외우고 있어야 할 필요가 없는 내용입니다.

좋은 문항 예시: "산업 혁명이 일으킨 사회 변화 중 올바르지 않은 설명은?"
→ 장점: 발명 자체보다 그 결과와 영향을 사고하게 합니다.

- 과학과 예시

수업 주제: 물질의 상태 변화

나쁜 문항 예시: "물은 100도에서 끓는다. (○, ×)"
→ 문제점: 지나치게 단순하고, 학생의 사고를 요구하지 않습니다.

좋은 문항 예시: "온도와 압력이 다를 때 물의 끓는점이 달라지는 이유는?"
→ 장점: 단순 사실 확인을 넘어 개념 적용을 요구합니다.

왜 좋은 문항이 중요한가?

좋은 문항은 학생에게 단순한 '기억 테스트'가 아니라, 수업 시간에 쌓은 '생각의 흐름'을 한 번 더 완성하는 기회를 줍니다. 또한 교사에게는 학생이 어떤 부분에서 이해가 부족한지를 진단하고, 수업을 조정할 수 있는 단서를 제공하지요.

- **교사의 체크리스트**
  ▸ 이 문항은 학생이 수업 시간에 배운 개념을 다시 떠올리게 하는가?

- 답을 고르기 위해 사고나 판단이 필요한가?
- 문두가 명확하고, 선지가 서로 구별 가능한가?
- 이 문제를 풀면서 학생은 무엇을 배우게 될까?

마무리 Tip

출제는 학생을 가르치는 또 다른 방식입니다.

좋은 문제는 학생에게 배움의 또 다른 경로를 제시하고, 나쁜 문제는 배움을 방해합니다.

문항 하나를 만들 때마다 "이 문제는 학생에게 어떤 생각을 이끌어 낼까?"를 한 번 더 묻는 습관을 들여 보세요.

출제는 수업을 완성하는 마지막 퍼즐 조각이니까요.

5장

출제의 정석

"좋은 문항은 기술보다 태도에서 시작된다."
문두, 답지, 표현 하나까지 돌다리를 두드리는 마음으로 점검해 봅시다.

① - 문항 출제의 기본 구조

② - 문두 작성 방법

③ - 답지 작성 방법

④ - 출제할 때 삼가야 할 표현들

문항 출제의 기본 구조

문제 하나에도 '설계도'가 필요하다

수업을 설계할 때처럼, 좋은 문항 하나를 만들기 위해서도 '기본 구조'를 이해하는 것이 중요합니다.

문제 출제를 부담스럽게 느끼는 이유 중 하나는 "문항을 어떻게 짜야 하는지 막막하기 때문"이에요. 그런데 문항에도 기본적으로 따라야 할 '틀'이 있습니다. 즉, 출제의 정석이 있습니다. 이 틀을 알게 되면, 출제는 훨씬 수월해집니다.

문항의 기본 3단 구조

단계	역할	핵심 포인트
문두	무엇을 요구하는지 제시	질문이 명확하고, 사고 방향을 잡아야 한다
보기	학생의 선택을 이끄는 답지 구성	오답지까지 학습적으로 설계한다
정답	평가하고자 하는 핵심 답변	성취 기준과 수업 흐름을 반영해야 한다

- **문두는 문제의 '방향'이다.**

  문두는 학생이 "이 문제는 무엇을 묻는구나."를 처음부터 명확하게 인식할 수 있게 만들어야 합니다.

- **좋은 문두의 특징**
  ▸ 간결하고 명확하다.
  ▸ 하나의 중심 질문을 가지고 있다.
  ▸ 수업에서 강조한 사고 과정을 유도한다.

- **나쁜 문두의 특징**
  ▸ 질문이 길고, 중간에 방향이 바뀐다.
  ▸ 무엇을 답해야 할지 모호하다.

▸ 수업과 동떨어진, 낯선 사고를 요구한다.

• 예시 비교

좋은 문두	나쁜 문두
"다음 글을 읽고, 글쓴이의 주장에 가장 적절한 근거를 고르시오."	"다음 글과 관련하여 생각할 수 있는 다양한 측면 중 하나를 고르시오."

→ 나쁜 문두는 방향이 흐릿해서 학생을 혼란스럽게 합니다.

■ **보기는 '생각'을 유도해야 한다.**

'보기(선지)'는 단순히 정답과 오답을 나열하는 것이 아니에요. 보기 하나하나가 학생의 사고를 유도하는 장치여야 합니다.

■ **좋은 보기의 조건**

▸ 정답과 오답이 모두 그럴듯해 보여야 한다.
▸ 오답지 역시 학습 오류나 오개념을 반영해야 한다.
▸ 명확히 구별 가능한 논리적 근거가 있어야 한다.

→ 오답지는 학생을 함정에 빠뜨리려는 것이 아니라, 생각하게 하려는 장치라는 것을 기억해야 합니다.

- **정답은 '성취 기준'을 반영해야 한다.**

　정답은 단순히 '맞는 답'이 아니라, 학생이 배운 핵심 성취 기준을 반영하는 답이어야 합니다. 따라서 이런 원칙을 고려합니다.

▸ 수업에서 다룬 지식, 사고 과정, 수행 능력에 기반해야 한다.
▸ 너무 단편적이거나 수업 흐름과 동떨어진 정답을 설정해서는 안 된다.

문항 구조 설계의 실제 흐름(순서대로)

1. 성취 기준과 수업 흐름을 다시 점검한다.
2. 학생에게 묻고 싶은 '중심 질문'을 하나 정한다.
3. 그 질문을 짧고 명확한 문두로 만든다.
4. 답을 찾기 위해 필요한 사고 경로를 생각해 본다.
5. 사고 경로를 방해할 수 있는 오개념이나 오류 반영하기를 설계한다.
6. 학생 수준을 고려해 보기 수를 결정하고, 언어를 다듬는다.
7. 마지막으로 정답이 수업 목표와 일치하는지 다시 검토한다.

- **교사의 체크리스트**
  - ▸ 문두를 읽었을 때, 학생이 질문의 방향을 바로 파악할 수 있는가?
  - ▸ 보기가 모두 논리적이고, 학습에 도움을 주는 오답 설계가 되어 있는가?
  - ▸ 정답은 수업의 핵심 성취 기준과 연결되어 있는가?
  - ▸ 문제를 읽고 학생이 사고 흐름을 따라가면서 풀 수 있도록 설계되어 있는가?

마무리 Tip

출제는 "이 문제를 통해 무엇을 생각하게 할 것인가?"를 설계하는 작업입니다.

형식적으로 '문제'를 만드는 것이 아니라,

학생이 수업 시간의 배움을 되짚어 보고,

사고를 확장할 수 있도록 돕는 장치여야 하지요.

문항은 작은 수업입니다.

문제 하나를 만들 때마다 학생의 배움을

다시 설계하는 마음으로 출제해 보세요.

문두 작성 방법
좋은 문항 작성은 '좋은 문두'에서 시작한다

문항을 만들 때 가장 먼저 작성하는 것이 '문두'입니다. 문두는 단순한 질문이 아니에요. 문두는 학생의 사고를 이끌어 내는 방향표이자, 문제를 읽는 순간 사고가 시작되게 만드는 스위치입니다.

좋은 문두를 만들지 않으면 문제 자체가 모호해지고, 학생은 방향을 잃고, 출제자의 의도와 다른 답변이 나올 수 있습니다. 좋은 문제는 문두가 깔끔할 때 만들어집니다.

좋은 문두의 3원칙

원칙	설명
명확성	무엇을 답해야 하는지 분명해야 한다
간결성	문두 자체가 복잡하거나 장황하면 안 된다
사고 유도성	학생이 '왜?' '어떻게?'를 생각하게 만들어야 한다

문두 작성할 때 주의할 점

- **하나의 문항에는 하나의 질문만 포함한다.**

  → 이중 질문(두 가지 이상 묻는 것)은 혼란을 유발합니다.

- **학생에게 친숙한 표현을 사용한다.**

  → 너무 낯선 단어, 전문 용어는 피하거나 설명을 곁들입니다.

- **평가하려는 능력에 따라 문두의 유형을 결정한다.**

  → 단순 재현인가, 이해인가, 적용인가?

- **조건(제시문, 그림 등)이 많을 때는 문두를 더욱 명확하게 만든다.**

  → "위 자료를 참고하여" 같은 연결어를 명확히 표시합니다.

문두 작성 예시 비교

• 국어과 예시

수업 주제: 주장과 근거 찾기

좋은 문두	나쁜 문두
"다음 글을 읽고, 글쓴이의 주장을 가장 잘 요약한 것은?"	"다음 글의 내용에 대해 알맞은 것을 고르시오."

→ 좋은 문두는 질문이 명확하고, 학생의 사고 방향을 분명히 잡아 줍니다.

→ 나쁜 문두는 방향이 불명확하고, 학생이 어떤 사고를 해야 하는지 감을 잡기 어렵습니다.

• 사회과 예시

수업 주제: 민주주의의 원리

좋은 문두	나쁜 문두
"다음 상황에서 적용된 민주주의 원리를 고르시오."	"민주주의와 관련된 것을 모두 고르시오."

→ 좋은 문두는 구체적 상황을 기반으로 명확한 답을 요구합니다.
→ 나쁜 문두는 범위가 지나치게 넓거나, 학생이 혼란스러워할 수 있습니다.

문두 작성 유형별 전략

유형	특징	예시
정의형	개념이나 정의를 묻는다	"○○의 의미로 가장 적절한 것은?"
적용형	배운 개념을 상황에 적용하게 한다	"다음 상황에 적용되는 원리는?"
분석형	주어진 자료를 분석하게 한다	"자료를 분석하여 알 수 있는 사실은?"
평가형	비교·판단하게 한다	"두 사례 중 더 적절한 해결 방안은?"

→ 출제하려는 문항의 '의도'를 먼저 분명히 정하고, 그에 맞는 문두를 선택해야 합니다.

■ **교사의 체크리스트**

▸ 문두를 읽는 순간, 학생이 '아, 이런 사고를 해야 하는구나.'를 알 수 있는가?
▸ 문두가 불필요하게 길거나 복잡하지 않은가?
▸ 하나의 문두에 하나의 중심 사고만 요구하는가?

▸ 문두가 학생에게 너무 낯선 언어나 표현으로 혼란을 주지 않는가?

마무리 Tip

좋은 문두를 만들 수 있다면, 문항의 절반은 이미 완성된 것이나 다름없습니다. 문두는 문제의 방향을 잡아 주고, 학생이 생각을 시작하는 출발선이 되어야 하지요.

출제 연습을 할 때는 한 번쯤 이렇게 연습해 보세요.

▸ 문두만 여러 개 만들어 보기
▸ 다양한 수업 주제에 맞춰 문두만 설계해 보기
▸ 문두를 읽었을 때 학생 입장에서 '사고 경로'를 상상해 보기

이 연습이 쌓이면 문두 작성은 점점 더 자연스러워질 것입니다.

답지 작성 방법

오답에도 출제자의 철학이 담긴다

문항을 만들 때 우리는 보통 정답을 먼저 생각합니다. 하지만 정답만 정리해서는 좋은 객관식 문항이 완성되지 않아요.

오답지(보기) 역시 학생의 사고를 유도하고, 평가의 품질을 결정하는 중요한 요소입니다. 좋은 답지 작성은 출제자의 또 다른 수업입니다.

답지를 구성할 때 꼭 기억해야 할 것

- **정답은 명확해야 한다.**
    → 모호하거나 애매한 정답은 학생에게 혼란을 줍니다.

- **오답지에도 교육적 의도를 담아야 한다.**

  → 오답이 무의미하거나 억지로 틀리게 만들어져 있으면 학생은 사고하지 않고 "찍기"만 하게 됩니다.

- **선지 간 구별이 명확해야 한다.**

  → 정답과 오답이 명확하고 논리적으로 구분될 수 있어야 합니다.

정답 작성법

좋은 정답이란 무엇일까요?

- 수업 중 강조한 사고 흐름을 따라갈 때 자연스럽게 도달할 수 있는 답이어야 한다.
- 단순히 암기한 사실을 찍어 내는 것이 아니라, '**사고하고, 적용하고, 확인하는 과정**'을 요구해야 한다.

• 예시

잘못된 정답 설계	좋은 정답 설계
사소한 디테일을 꼬아서 맞히기 어렵게 함	수업에서 강조한 개념이나 흐름을 통해 자연스럽게 도달할 수 있게 함

오답지 작성법

좋은 오답지란 무엇일까요?

무작정 헷갈리게 만드는 것이 아니라, 학생의 흔한 오개념이나 오류를 반영해 만들어진 보기입니다.

■ 오답지 설계의 포인트

- 흔히 하는 착각이나 부분적 이해를 반영한다.
- 수업 시간에 학생들이 자주 실수한 부분을 되살린다.
- '왜 이게 오답인지를 설명할 수 있는 보기'를 만든다.

• 예시

수업 주제: 일차방정식의 해 구하기

학습 목표
- 주어진 일차방정식을 풀어 해를 구할 수 있다.
- 해를 구하는 과정에서 이항, 계산 등을 정확히 수행할 수 있다.

문항 문두: 다음 일차방정식의 해를 구하시오.

문항 내용:

$3(x-2) = 2(x+5)$

보기:

① $x = -1$ ② $x = 5$
③ $x = 11$ ④ $x = 16$

선지	내용	역할
① $x = -1$	오답	괄호 해제 후 부호 실수
② $x = 5$	오답	이항과 정리 과정 중 숫자 연산 실수
③ $x = 11$	오답	이항 과정에서 부호 실수
④ $x = 16$	정답	정확한 풀이 결과

- **이 문제의 설계 포인트**
  ▸ 오답들은 모두 학생이 실제로 범하기 쉬운 계산 오류나 과정 착각을 반영했다.
  ▸ 정답은 수업 시간에 익힌 풀이 과정을 정확히 따라가면 자연스럽게 얻을 수 있다.
  ▸ 학생이 단순히 숫자만 보고 찍지 않게, 과정을 정확히 이해해야만 답을 고를 수 있도록 설계했다.

- **추가 Tip: 수학에서는 "실수 패턴"을 오답지로 활용한다.**
  - ▸ 괄호 해제 실수
  - ▸ 이항 시 부호 잘못 변경
  - ▸ 연산 과정 생략으로 인한 오답
  - ▸ 음수/양수 계산 오류
  - ▸ 방정식 양변에 동시에 같은 수를 더하거나 빼는 실수

"학생들의 전형적인 실수 패턴"을 오답으로 만들어 두면, 학생들의 사고 흐름을 진단하는 아주 강력한 평가 도구가 됩니다.

- **답지 점검 체크리스트**
  - ▸ 정답은 논리적이고, 수업의 흐름과 자연스럽게 연결되어 있는가?
  - ▸ 오답은 학습 과정에서 발생할 수 있는 실제 오개념을 반영하고 있는가?
  - ▸ 모든 선지는 대등한 길이와 표현 방식을 가지고 있는가?
  - ▸ 선지 중 명백히 말도 안 되는 답이 없이, 모두 일단 '고려해 볼 만한' 느낌을 주는가?

■ **답지 작성 연습법**

초기에는 다음과 같이 연습해 보는 것도 좋습니다.

일단 하나의 문두를 만들고, 네 개의 오답지를 의도적으로 설계해 봅니다. 각각의 오답에 대해 "이 선택을 할 법한 학생은 어떤 사고를 했을까?"를 써 봅니다. 이 과정을 반복하면 출제자의 시야가 넓어지고, 학생의 사고 흐름을 읽는 감각이 점점 길러질 수 있어요.

마무리 Tip

좋은 정답은 학생의 성장을 확인하는 거울이고,
좋은 오답은 학생의 사고를 이끌어 내는 발판입니다.
답지 작성은 출제의 '마지막' 단계가 아니라,
학생 사고를 설계하는 '두 번째 수업'이라는 마음으로 다루어야 합니다.
문제를 푸는 동안 학생이 머릿속으로 수업의 흐름을 다시 따라가게 만드는 것,
그것이 좋은 출제자의 목표입니다.

출제할 때 삼가야 할 표현들
단어 하나에 학생의 생각이 흔들릴 수 있다

 문제 자체의 논리나 사고 흐름이 아무리 좋아도, 문항 속 표현이 부정확하거나 혼란스러우면 학생은 사고를 멈추고 문제를 해석하는 데 에너지를 소모하게 됩니다.

 좋은 문제는 학생이 "답을 고민하게" 해야지, "문제 자체를 해석하느라" 고민하게 하면 안 되겠지요. 그래서 출제할 때는 사용하는 표현 하나하나에도 신경을 써야 합니다.

출제할 때 삼가야 할 다섯 가지 표현 유형

유형	설명	문제점
1. 모호한 표현	정확한 요구가 드러나지 않는 경우	학생이 방향을 잡지 못함
2. 지나치게 긴 문두	문두가 길어서 중심 질문이 흐려지는 경우	학생이 핵심을 놓치게 됨
3. 이중 부정	꼭 필요하지 않은 곳에 쓰인 이중 부정	학생이 의미를 헷갈리거나 반대로 이해할 수 있음
4. '모두 고르시오' 형 다중 선택	지나치게 복잡하고 긴 문두	정답 조합을 찍게 만들고, 사고가 아니라 전략 게임이 됨
5. 적절하지 않은 어휘 사용	문항에 쓰인 어휘가 잘못된 경우	정답의 오류가 발생할 수 있음

구체적 사례

■ **모호한 표현**

잘못된 문두	개선된 문두
"이 글을 읽고 느낀 점으로 알맞은 것은?"	"이 글의 주제와 가장 관련 깊은 내용을 고르시오."

→ '느낀 점'은 학생마다 다를 수 있으므로 평가 기준이 모호해지게 됩니다. 물론 공식적으로 제시문 등에 표현된 것을 통해 충분히 유추할 수 있을 때도 있지만, 그렇지 않은 경우에도 이런 표현

을 가끔 쓰는 경우가 있는데 조심해야 합니다.

- **지나치게 긴 문두**

잘못된 문두	개선된 문두
"다음은 ○○에 대한 설명인데, ○○가 ○○하는 과정에서 일어날 수 있는 현상 중에서 가장 일반적으로 나타나는 현상이다. 이런 현상이 생길 때 우리는 일반적으로 무슨 현상이라고 하는지 보기에서 고르시오."	"다음 설명을 읽고, 가장 일반적인 ○○ 현상을 고르시오."

→ 긴 문두는 읽는 것만으로도 피로를 줍니다. 핵심을 앞쪽에 배치하세요. 특히 사회과, 과학과 등에서 문두를 통해 힌트를 준다는 의미로 문항에서 물을 내용과 크게 상관 없는 내용을 적는 경우를 종종 봅니다. 문두는 최대한 간결하게 작성하는 게 좋으며, 어쩔 수 없이 내용이 길어질 경우에는 핵심 질문을 앞부분에 배치하는 것이 좋습니다.

- **이중 부정**

잘못된 문두	개선된 문두
"틀리지 않은 것은?"	"옳은 것은?"

→ 이중 부정은 학생을 혼란스럽게 합니다. 가능한 한 긍정형 표현을 사용합니다. 물론 '틀리지 않은 것'과 '옳은 것'이 동일한 의미는 아니에요. 그런데 가끔 굳이 '틀리지 않은 것'으로 표기하지 않아도 되는 것을 종종 이렇게 표기할 때가 있습니다. 강조하지만 문두는 가능한 한 간결한 것이 좋습니다.

- **'모두 고르시오' 형 예시**

잘못된 문두	개선된 문두
"다음 보기 중 옳은 것을 모두 고르시오."	"다음 보기 중 가장 적절한 것을 고르시오."

→ '모두 고르시오' 형은 학생에게 무리한 부하를 주고, 찍기 전략을 유도합니다. 가끔 시험 문제가 너무 쉽다고 판단해 난도를 높이기 위해 이런 문항을 의도적으로 만드는 경우가 있지요. 그런데 과연 이런 문항이 의미가 있는지는 다시 생각해 볼 필요가 있어

요. 모두 고르게 할 경우에는 "정답 ○개"처럼 정답의 개수를 밝혀 주는 것이 좋으며, 어쩔 수 없이 '모두 고르시오' 형태를 쓸 경우에는 선지 수를 네 가지 이내로 제한하는 게 안전합니다.

▪ 적절하지 않은 어휘 사용

잘못된 문두	개선된 문두
"다음 질문에 대한 답으로 바르지 않은 것은?"	"다음 질문에 대한 답으로 적절하지 않은 것은?"

→ '바르다'라는 말은 '말이나 행동 따위가 사회적인 규범이나 사리에 어긋나지 아니하고 들어맞다.' 또는 '사실과 어긋남이 없다.'라는 의미로 주로 사용합니다. '생각이 바르다.' '숨기지 말고 바르게 대답하시오.' 등의 경우에 사용하는 말이지요.

그런데 시험 문제에서 선생님들이 이 표현을 애용하는 편입니다. 물론 잘못된 예로 말이지요. 이 경우 대부분 '적절하다'라는 표현으로 대체해야 하는 경우가 많습니다. '바르다'라는 표현은 '도덕적인 판단'의 경우에 한해 쓰는 것이 안전합니다.

이와 비슷한 표현으로 '알맞다'라는 표현도 자주 씁니다. 특히 영어과에서 많이 쓰지요. 그런데 '알맞다'라는 말의 뜻은 '일정한 기준, 조건, 정도 따위에 넘치거나 모자라지 아니한 데가 있다.'로,

주로 "( ) 안에 들어갈 표현으로 알맞은 것은?" 등에 한정해 써야 할 경우가 많습니다.

'옳다' '적절하다' '알맞다'의 차이를 정리하면 다음과 같습니다. '옳다'는 '사리에 맞고 바르다.'라는 의미이고, '적절하다'는 '꼭 알맞다.'라는 뜻, '알맞다'는 '일정한 기준, 조건, 정도 따위에 넘치거나 모자라지 아니하다.'라는 뜻을 나타냅니다. 뜻풀이에서 알 수 있는 것처럼 '적절하다'와 '알맞다'는 의미가 통하지만, '옳다'는 '적절하다/알맞다'와 의미 차이가 있어요.

반드시 정답일 경우, 즉 답지에서 문두 방향으로 거꾸로 질문을 해도 답이 되는 경우에는 '옳은 것'을 찾도록 해야 합니다. 반면 정답에 가까운 것을 찾는 경우, 즉 문두와 답지를 바꾸면 오류가 생기는 경우에는 '적절한 것'이나 '알맞은 것'을 찾도록 해야 합니다.

출제자가 스스로 점검해야 할 질문

질문 리스트를 정리해 보았습니다.

▸ 문항의 질문이 학생이 해야 할 사고 과정을 명확히 안내하는가?
▸ 문두나 선지에 학생이 불필요하게 혼란스러워할 요소가 있

는가?
- 문항 속 언어가 수업에서 사용한 공식 용어와 일관성이 있는가?
- 정답을 찾기 위해 문제를 '해석'하는 데 시간을 낭비하게 하지는 않는가?

■ **실전 Tip**

문제를 만들기 전에 한 번 더 점검해 봅시다.

- 문두를 학생처럼 읽어 보기
  → "내가 학생이면 이걸 어떻게 읽을까?"
- 동료 교사에게 읽고 검토해 보라고 부탁하기
  → 1분 안에 질문 의도가 파악되는지 확인합니다.

문제 만들기 후에는 다시 질문해 보세요.

- "이 문제를 풀기 위해 학생이 무엇을 해야 하는가? 답을 생각해야 하는가, 아니면 문제를 해석해야 하는가?"
  → 답을 생각하게 만드는 문제라면 잘 만든 문항입니다.

마무리 Tip

좋은 문항은 '잘 틀리게' 만드는 것이 아니라, '잘 생각하게' 만드는 것입니다.

학생이 문제를 읽는 순간,

"아, 이걸 묻고 있구나!" 자연스럽게 이해할 수 있도록,

표현 하나하나까지 세심하게 설계해야 하지요.

문항의 언어는 출제자의 마음가짐을 비춥니다.

출제자는 학생의 사고를 이끌어 주는 가장 섬세한 길잡이입니다.

6장

선택형 문항 제작

"객관식이 공정하다는 말, 정말 맞는 말일까?"
적절한 형식으로 출제된 문제는 충분히 공정할 수 있습니다.

① - 선택형 문항의 종류

② - 진위형 문항 출제 원칙

③ - 연결형 문항 설계법

④ - 배열형 문항 출제 원리

⑤ - 선다형 문항 출제 원리

선택형 문항의 종류
다양한 선택형 문항 형식을 적절히 활용할 필요가 있다

"객관식 문제는 찍으면 맞을 수도 있으니까 공정하지 않은 거 아닌가요?"

"그래도 객관식이 서술형보다 공정하긴 하잖아요?"

선택형 문항, 흔히 '객관식'이라고 불리는 이 문항 유형은 가장 널리 쓰이지만 동시에 오해도 가장 많이 받는 평가 방식입니다.

문제는 쉬운데 왜 학생들은 틀릴까요?

문항은 공정한데 왜 학생들은 억울해할까요?

그 이유는 단순합니다. '선택형 문항'은 그 자체가 쉬운 문제가 아니라, 잘 만들기 어려운 유형이기 때문이에요.

선택형 문항이란?

선택형 문항이란 여러 개의 보기 중에서 정답을 고르게 하는 형식의 문항을 말해요. 학생이 창의적으로 정답을 쓰는 서술형과 달리, 선택형 문항은 정답이 미리 존재하며, 보기를 잘 구성해야 학생의 이해도와 사고력을 공정하게 측정할 수 있습니다.

흔히 우리는 객관식 문항이라고 말하는데, 객관형과 주관형은 채점자의 '채점 방식'에 따른 분류이고, 선택형과 서답형은 학생의 '응답 방식'에 따른 분류입니다.

선택형 문항의 유형 분류

아래는 선택형 문항의 대표적인 분류입니다.

유형	설명	예시
진위형	참/거짓을 판단하는 문제	다음 진술 중 사실이면 ○, 거짓이면 ×
연결형(배합형)	항목을 짝지어 연결하는 문제	A~D와 ㄱ~ㄹ을 연결하시오
배열형	순서나 흐름을 묻는 문제	아래 내용을 순서대로 배열하시오
선다형	보기 중 하나(또는 복수)를 고르는 문제	①~⑤ 중 가장 적절한 것을 고르시오

이해를 돕기 위해 간단한 예와 함께 유형을 정리해 보았습니다. 문항 형식에 따른 문항 유형은 일반적으로 다음과 같이 구분해요.

구분		문항 유형			구분
객관형		진위형			선택형
	배합형	단순 배합형 복합 배합형 분류 배합형 관계 분석형 관계 분류형 공변 관계형			
	선다형	최선답형 정답형 다답형 합답형 불완전 문장형 부정형			
주관형		완성형(완결형)			서답형
	단답형	단구적 단답형 서술적 단답형			
	논문형 (서술형 및 논술형)	응답 제한 논문형	분량 제한 논문형 내용 범위 제한 논문형 서술 양식 제한 논문형		
		응답 자유 논문형	단독 과제형	읽기 능력형 교과 관련 능력형	
			자료 제시형		

왜 선택형 문항의 유형을 구분해야 하나?

"어차피 고르게 하면 되는 거 아닌가요?"

그렇지 않습니다.

각 선택형 문항은 평가하려는 능력에 따라 다르게 설계되어야 하기 때문입니다.

문항 유형	주로 측정되는 능력	출제 시 주의점
진위형	개념 이해, 사실 판단	문장 간결성, 이중 부정 피하기
배합형	분류, 대응 능력	보기 간 유사성 피하기와 명확한 매칭 필요
배열형	절차적 사고, 인과 이해	순서 논리 확보, 명확한 단서 제공
선다형	판단력, 분석력	오답 구성의 전략성 중요

- **문항 유형을 알면 출제의 전략이 보인다.**

교사들이 실수하는 이유 중 하나는 '객관식=선다형'이라고 생각하고, 모든 선택형 문항을 그 틀에 맞춰 버리는 데 있습니다.

하지만 다양한 선택형 문항을 적절히 활용하면 학생의 다채로운 인지 능력을 효과적으로 평가할 수 있어요.

마무리 Tip

'선택형 문항 = 쉽게 맞히는 문제'라는 인식을 바꿔야 합니다.
선택형 문항은 오히려 더 치밀한 설계와 명확한 언어 감각이 필요한 고급 기술입니다.
그리고 유형을 정확히 알고 나면, 그 유형에 맞는 출제 전략이 자연스럽게 따라옵니다.

진위형 문항 출제 원칙

단순하지만 의외로 오류를 조심해야 한다

"다음 문장이 옳으면 ○, 틀리면 ×로 표시하시오."

진위형 문항(True/False)은 가장 오래된 형태의 선택형 문항이에요.

간결하고 빠르게 출제할 수 있고, 채점도 용이하다는 장점 덕분에 많은 교사가 가장 먼저 떠올리는 문항 유형이기도 하죠. 하지만 간단해 보여도, 막상 잘 만들기는 어렵습니다. 진위형 문항은 문장의 완성도와 표현력, 그리고 논리적 정확성이 핵심이기 때문입니다.

진위형 문항, 언제 사용하면 좋을까?

- ▸ 개념, 사실, 정의 등을 정확히 기억하고 있는지 확인할 때
- ▸ 수업에서 배운 내용을 단정적 진술로 정리해 보는 활동으로
- ▸ 형성 평가나 퀴즈형 활동에 유용하게 활용이 가능하다.

진위형 문항의 출제 원리

- **문장 안에 반드시 '핵심 내용'을 담아야 한다.**

  → 중요하지 않은 내용이 답을 결정하게 해선 안 됩니다.

  예시: 1인치는 2.54mm이다. (×)

  → 인치는 cm로 환산하여 계산하는 것이 일반적입니다. 그러므로 mm로 단위를 바꿔 서술한 문제에 대해 주의를 기울이지 않은 피험자는 답을 알아도 실수로 틀릴 가능성이 커지지요.

  ☞ 1인치는 2.54cm이다. (○)

- **복합적 사고를 측정하고 싶다면 도표나 시각 자료와 연결한다.**

  → 단순 사실 암기가 아닌 해석적 사고 측정에 적합합니다.

  예시: "다음 도표를 보고 옳은 설명은?" 형태로 응용 가능

- **논란의 여지가 있는 주장, 이론은 피한다.**
    → 학문적 논쟁은 평가 문항으로 적절치 않습니다.
    예시: "ICT 활용 교육은 창의성을 높인다."
    → 다양한 입장이 존재하는 문제입니다.

- **하나의 문장에는 하나의 사실만 묻는다.**
    → 두 가지 사실을 언급하면, 어느 내용 때문에 틀렸는지 정확히 측정할 수가 없습니다.
    예시: "칸초네는 이탈리아 노래이고, 샹송은 스페인 노래다."(×)
    ☞ 앞 문장은 맞고 뒤 문장은 틀립니다. 이것은 맞다고 해야 할까요, 틀리다고 해야 할까요? 반만 맞다고 하는 것이 정확하지 않을까요.

- **부정문, 특히 이중 부정은 피한다.**
    → 사고력이 아닌 문장 해석력 테스트가 되기 쉽기 때문입니다.
    예시: "중요하지 않은 것은 아니다."(×)
    ☞ "중요하다."

- **교과서 문장을 그대로 베끼지 않는다.**
    → 기억력 평가로 전락할 수 있습니다.

즉, 학생 스스로 사고하고 판단하게 구성하는 것이 바람직합니다.

- **문장은 단문으로, 간결하고 명료하게 쓴다.**
    - → 복문은 해석 오류를 일으킬 가능성이 큽니다.

- **'항상' '전혀' '흔히' '대체로' 등 답의 단서가 되는 부사어를 삼간다.**
    - → 문장만 보고 정답을 유추할 수 있는 위험이 있습니다.
    - 예시: "바닷물은 항상 짜다."(×)
    - → '항상' 때문에 정답 유추가 가능합니다.

- **참/거짓의 정답 비율을 균형 있게 유지한다.**
    - → 예시: 5:5 또는 6:4 등의 적절한 수준 유지
    - → 비율이 한쪽으로 몰리면 패턴으로 추측이 가능해집니다.

- **정답 배열에 규칙을 주지 않는다.**
    - → ○, ×, ○, × 형태처럼 예측 가능한 배열은 피합니다.

진위형 문항의 흔한 문제점

진위형 문항은 짧고 단순한 만큼 작은 오류 하나에도 학생이 오

답을 낼 수 있습니다. 따라서 문장을 **정확하고 오해 없이 표현하는 것이** 무엇보다 중요하지요.

- **이중 부정**

    "이 주장은 틀리지 않다고 볼 수 없다."(×)

    → 학생은 국어 시험을 치는 걸로 착각할 수 있습니다.

- **지나치게 애매한 표현**

    "보통 사람은 대체로 사회적 동물이다."(×)

    → '보통' '대체로' 같은 말은 판단 기준을 흐립니다.

- **시간적/공간적 단서가 모호하다.**

    "이 물질은 모든 실험에서 같은 결과를 보였다."(×)

    → 어떤 물질인지, 어떤 실험 조건인지 불분명합니다. 문항은 그 자체로 완결성을 지녀야 합니다. 맥락을 정확하게 알지 못하고 답을 쓸 경우에 정답을 알고 있어도 오답을 할 확률이 높습니다.

    ☞ 수정 예시: "구리 도선은 일반적인 온도 조건에서 전류가 잘 흐르는 성질을 가진다."

- **진위형 문항, 이렇게 써 보자.**
    - ▸ 문장은 단정적이고 명확하게 쓴다.
    - ▸ 참·거짓을 명확히 판단할 수 있는 기준을 포함한다.
    - ▸ 오해할 수 있는 표현은 사용하지 않는다.

    • 개선 예시

    "공룡은 모두 육식동물이었다." (×)
    → "티라노사우루스는 육식동물이었다."
    "언어는 인간만의 고유한 능력이다." (×)
    → "인간은 언어를 통해 추상적 사고를 표현할 수 있다."

- **응용 Tip: 진위형 문항을 확장하는 방법**

    진위형 문항이 단순하다고 해서 반드시 지루해야 할 필요는 없습니다. 다음과 같은 방식으로 사고력을 자극하는 진위형 문항으로 확장할 수 있어요.

응용 방식	예시
자료 활용	"다음 표를 보고 옳은 문장을 고르시오."
지문 기반	"지문에서 언급된 사실과 일치하는 것은?"
틀린 문장 수정하기	"다음 중 틀린 문장을 바르게 고치시오."

이런 식으로 문제를 만나면 학생은 단순 ○×를 넘어 왜 맞는지, 왜 틀렸는지를 생각해 보게 됩니다.

마무리 Tip

진위형 문항은 짧지만 결코 만만하지 않아요.

교사의 의도가 오히려 오해가 되지 않도록,

'명확하고 단정적인 표현'과 '공정한 문항 구조'가 필요합니다.

진위형 문항이 시험지에 많을수록,

문장 하나하나가 더 정교해져야 합니다.

학생이 사고할 수 있도록 설계된 문장이야말로,

진짜 '참된' 문항입니다.

연결형 문항 설계법
다양한 내용에 관해 빠르게 물어볼 수 있다

연결형 문항은 학생이 두 개 이상 항목 간의 관련성을 파악하여 짝지어 응답하는 형태의 문항입니다. 흔히 '짝짓기 문제'라고도 불리는 이 유형은 교과서 활동지나 수행 평가에 자주 등장하지만, 정식 지필 평가에서는 비교적 소홀하게 다뤄지는 경우가 많습니다.

하지만 연결형 문항은 단순 기억을 점검하기에 가장 효율적인 형태이며, 문항 구조만 제대로 작성하면 객관성과 타당성을 동시에 잡을 수 있습니다.

연결형 문항의 특징과 활용

항목	설명
평가 목적	개념, 인물, 사건 등 대응 관계 이해 평가
출제 방식	좌측 '문제군'과 우측 '답지군' 연결
장점	채점 용이, 다양한 내용에 관해 빠르게 평가 가능
주의점	지시문 불분명 시 혼동 유발, 답지 유추 가능성 존재

• 예시

[보기] 다음 작품과 작가를 연결하시오.

(1) 햄릿   ㉠ 세르반테스

(2) 파우스트   ㉡ 단테

(3) 돈키호테   ㉢ 셰익스피어

(4) 신곡   ㉣ 괴테

→ 정답: (1) ㉢, (2) ㉣, (3) ㉠, (4) ㉡

연결형 문항 출제 원리

- **문제군과 답지군은 동질성을 유지해야 한다.**

    → 문제나 답지 중 하나라도 완전히 다른 범주의 항목이 들어가면 그것만으로 정답을 유추할 수 있게 됩니다.

    예시: [문제군] 한국 문학 작품 중 하나가 외국 소설인 경우

    → 눈에 띄게 돋보이게 되겠지요.

    ☞ 문제군/답지군 모두 같은 범주 내 항목으로 구성합니다.

- **답지 수는 문제 수보다 많아야 한다.** (1.3~1.5배)

    → 문제 수와 답지 수가 동일하면 소거법으로 마지막 정답이 자동으로 유추됩니다. 답지군을 더 많이 제공해 추론이 아닌 지식을 평가해야 합니다.

- **문제군과 답지군은 각기 다른 번호와 배열 형식으로 구분한다.**

    예시: 문제군 – (1), (2), (3), 답지군 – ㉠ ㉡ ㉢

    → 시각적으로 구분하여 답 매칭 오류를 방지합니다.

- **배열은 무작위보다는 논리적 기준이 있으면 더 좋다.**

    예시: 역사적 사건 – 연대순, 인물 – 가나다순

→ 학생이 맥락적 사고를 통해 정답에 접근이 가능하게 구성합니다.

- **문제와 답지는 같은 페이지/면에 있어야 한다.**
  → 페이지를 넘기며 연결하는 것은 인지적 부담을 증가시킵니다.

- **문항과 보기는 가능한 한 짧고 명료해야 한다.**
  → 연결형은 기억 기반 평가에 적합하기 때문에 불필요하게 문장이 길어질 경우, 읽기 부담만 가중됩니다.
  → 단어, 용어, 짧은 문장 등으로 구성하는 것이 원칙입니다.

- **문제 수는 10개 이하가 적절하다.**
  문제 수가 많아지면 항목 간 개념 중복이나 과잉 정보가 생깁니다.
  → 혼란도가 증가하고 신뢰도가 하락합니다.

- **지시문은 명확하게 한다.** ('하나만 연결하시오' 또는 '복수 선택 가능')
  → 문제마다 몇 개의 정답이 필요한지 명시하지 않으면 큰 혼란이 생깁니다.
  → "각 문항에 가장 알맞은 하나의 답지를 고르시오."처럼 단서를 제공합니다.

잘못된 연결형 문항 수정 예시

- ❌ 잘못된 예시

다음 보기에서 작품과 작가를 연결하시오.

(1) 햄릿　　　　　　　㉠ 괴테
(2) 파우스트　　　　　㉡ 헤로도토스
(3) 신곡　　　　　　　㉢ 셰익스피어
(4) 페르시아 전쟁사　　㉣ 브라우닝
　　　　　　　　　　　㉤ 단테
　　　　　　　　　　　㉥ 세르반테스

→ 문제군: 희곡+역사서 혼합/답지군: 시인+역사학자 혼합으로 구성합니다.

- ✅ 개선 예시

(1) 햄릿　　　　　　　㉠ 셰익스피어
(2) 파우스트　　　　　㉡ 괴테
(3) 돈키호테　　　　　㉢ 세르반테스
(4) 신곡　　　　　　　㉣ 단테
　　　　　　　　　　　㉤ 브라우닝

→ 범주 통일, 동질성 확보, 보기 수가 적절하도록 구성합니다.

마무리 Tip

연결형 문항은 '정보의 짝짓기'가 아니라,

교사의 개념 설계 능력을 보여 주는 문항 유형입니다.

서로 관련 있는 항목들을 정교하게 짝지어,

학생의 기억력+관계 파악 능력을 효과적으로

평가할 수 있도록 설계해 봅니다.

배열형 문항 출제 원리
절차적 사고, 인과관계, 논리적 흐름 조직 능력 등을 평가하기에 적절하다

배열형 문항은 학생이 어떤 사건이나 개념, 절차의 순서를 올바르게 이해하고 있는지를 평가하는 문항입니다. 사실상 배열형은 수업 중 교사가 얼마나 논리적 흐름으로 수업을 구성했는가를 돌아보게도 만들지요.

수업의 구조가 명확했다면, 학생은 그 흐름을 따라 문항을 자연스럽게 해결할 수 있습니다.

배열형 문항의 특징

항목	내용
정의	주어진 항목을 정해진 기준에 따라 올바른 순서로 배열
평가 가능 능력	절차적 사고, 인과관계 이해, 논리적 흐름 조직 능력
장점	복잡한 개념을 구조적으로 평가 가능
단점	문항 제작이 쉽지 않고, 난이도 조절이 어렵다

배열형 문항, 이렇게 출제한다

사실 배열형 문항은 고정된 형식을 가지고 있어 출제 원리 자체는 비교적 단순합니다. 다만 다음의 요소들을 고려하면 더욱 효과적으로 활용할 수 있지요.

- **배열형 문항 출제 시 유의점**
  - 명확한 기준이 있는 배열이어야 한다.
  - → 시간 순서, 절차 순서, 인과관계, 중요도 등 기준을 명시합니다.
  - 보기 항목 간 수준이나 복잡도의 편차가 없어야 한다.
  - → 한 항목만 지나치게 쉬운 단서는 정답 유추를 유도합니다.
  - 보기 개수는 4~6개 이내가 적절하다.

→ 항목 수가 많아지면 학생은 내용을 이해하기보다 '배열 조합'을 추론하게 됩니다.
- 지시문에 '배열 기준'을 명확히 써야 한다.

→ "시간 순서대로 배열하시오" "과학적 탐구의 절차 순서로 배열하시오" 등등.

■ 배열형이 너무 어려울 때는?

선다형으로 전환하는 방법도 고려할 수 있습니다. 배열형은 경우의 수가 많기 때문에 학생이 추론하기 어렵고, 문항 난도가 지나치게 높아지면 본래의 평가 목적이 흐려질 수 있어요. 이럴 때는 다음과 같이 선다형으로 전환해 평가의 명확성과 실용성을 동시에 확보할 수 있습니다.

- 예시

철수는 상한 우유에서 세균 A를 발견했다. 이 세균이 우유를 상하게 하는지 알아보기 위해 탐구 활동을 계획했다. 아래 〈보기〉는 그 과정의 단계를 순서 없이 제시한 것이다.

이 탐구 과정을 과학 탐구의 일반적 절차에 맞게 배열한 것을 고르시오.

<보기>

ㄱ. 세균 A는 우유를 상하게 한다.
ㄴ. 세균 A가 우유를 상하게 했을 것이라고 가정하였다.
ㄷ. 실험: 세균 A를 넣은 우유는 상하고, 넣지 않은 우유는 변화가 없었다.
ㄹ. 준비: 멸균 우유 두 병 중 한 병에만 세균 A를 넣고 적정 온도를 유지했다.

선택지

① ㄱ - ㄴ - ㄷ - ㄹ
② ㄱ - ㄴ - ㄹ - ㄷ
③ ㄴ - ㄷ - ㄱ - ㄹ
④ ㄴ - ㄷ - ㄹ - ㄱ
⑤ ㄴ - ㄹ - ㄷ - ㄱ ✓

→ 학생이 탐구 절차의 가설 설정 → 실험 설계 → 실험 → 결론 도출의 흐름을 이해하고 있는지를 확인할 수 있는 문항입니다.

※ 보기 수와 배열 수가 많을수록 선다형 전환이 더 효과적일 수 있습니다. 반대로 보기 수가 다섯 개가 되지 않을 때 배열형 출제가 유용할 수 있습니다.

수업 예시: 배열형 문항을 써먹을 수 있는 순간

과목	배열 주제 예시
사회	역사적 사건의 시간순 배열
과학	실험 절차나 탐구 과정의 순서
국어	글 전개 방식(도입·전개·결론 등)
도덕	윤리적 판단의 사고 흐름
수학	문제 해결 과정의 순서화

마무리 Tip

배열형 문항은 평가 자체보다 수업을 설계한 교사의 논리 감각이 더 중요한 유형입니다.

학생이 순서를 헷갈려 한다면, 수업 중 교사가 절차와 흐름을 명확히 전달했는가를 먼저 돌아보는 것이 우선이에요.

너무 복잡하게 느껴진다면 선다형으로 전환하는 것도 하나의 전략입니다.

문항의 목적은 학생을 곤란하게 만드는 것이 아니라, 학생의 이해 수준을 명확히 확인하는 것입니다.

선다형 문항 출제 원리
정답 못지않게 오답을 신경 써서 출제해야 한다

선다형 문항은 우리가 시험지를 구성할 때 가장 흔히 사용하는 문항 유형입니다. 채점이 간편하고, 많은 내용을 빠르게 평가할 수 있다는 장점이 있지요.

하지만 이 문항 유형은 쉽게 출제할 수 있는 대신, 문항의 수준차가 심하게 드러나는 유형이기도 합니다. 정답만 정확하다고 좋은 선다형 문항이 되는 것은 아니에요. 선다형 문항의 진짜 핵심은 선지 구성에 있습니다. 정답 하나, 오답 하나가 수업의 철학을 보여 주고, 학생의 학습 수준을 드러냅니다.

선다형 문항의 구성 요소

선다형 문항은 다음 세 가지로 구성됩니다.

- 문두(질문): 무엇을 묻는가?
- 정답지: 수업의 핵심 개념을 정확히 담고 있는가?
- 오답지: 학생의 오개념이나 혼동 가능 개념을 반영하고 있는가?

선다형 문항, 이렇게 출제한다

■ **문두는 명확하고 간결하게 만든다.**

문두는 문항의 출발점입니다. 문장이 길어지면 학생들은 핵심을 파악하기 어렵고, 문제 의도가 흐려질 수 있어요.

■ **출제 원칙**

- 문장은 짧고 명료하게 작성한다.
- 한 가지 개념만 질문한다.
- 부정문을 사용할 때는 반드시 밑줄, 굵은 글씨 등 시각적 강조를 사용한다.

- **예시: 다음 중 옳지 않은 문장은?**

  → '옳지 않은'이라는 지시어가 눈에 띄지 않아 실수를 유발할 수 있습니다.

  ☞ 개선 예시

  "다음 중 옳지 <u>않은</u> 문장은?"

- **정답지는 수업의 핵심을 정확히 담아야 한다.**

  정답은 '가장 교육적으로 중요한 개념'을 표현해야 하며, 다른 선지와 비교했을 때 균형 있는 구조와 어휘 수준을 가져야 합니다.

- **출제 원칙**
  ▸ 정답이 지나치게 길거나 구체적이면 눈에 띄게 된다.
  ▸ 수업에서 강조한 개념, 활동을 기반으로 구성해야 한다.
  ▸ 지시문과의 표현 방식이 일치해야 한다.

  • 예시: '삼삼오오'의 뜻으로 가장 알맞은 것은?
  ① 셋보다 다섯
  ② 셋 또는 다섯
  ③ 셋과 다섯의 중간
  ④ 세 사람과 다섯 사람의 무리

⑤ 서너 사람 또는 대여섯 사람이 떼를 지어 있음

→ 정답만 지나치게 구체적이며 문장 구조가 다릅니다.

☞ 개선 예시

⑤ 서너 사람씩 무리를 지어 다니는 모양

→ 표현을 다른 선지와 형식적으로 맞추는 것이 핵심입니다.

오답지는 '매력적인 오답'이 되어야 한다

좋은 오답은 다음과 같습니다.

- 학생이 흔히 오개념을 갖는 내용
- 개념은 맞지만 문맥상 잘못된 내용
- 부분적으로 맞지만 전체적으로 틀린 표현

이런 오답은 학생이 수업을 제대로 이해했는지를 파악하는 데 도움을 줍니다.

■ 오답의 원칙
- 오답도 교육적 의미를 담아야 한다.
- 터무니없이 틀린 오답은 문항의 질을 낮춘다.

▸ 모든 선지는 문법적, 구조적으로 통일되어야 한다.

● 예시: 큰 강 옆의 한 도시에서 홍수가 난 후 전염병의 위험이 생겼다. 다음 중 위험을 줄이는 데 가장 알맞은 방법은?
① **모든** 음식을 익혀 먹는다.
② 가축을 **모두** 잡아 없앤다.
③ 병든 사람을 **전부** 격리시킨다.
④ 사람들이 많이 모인 곳에 가지 않는다.
⑤ 주민들을 **모두** 다른 곳으로 이주시킨다.
→ 정답은 ④번입니다. 그런데 다른 답들은 학생들이 어려움을 느낄 만할까요? 아니죠?

모든 오답은 실현 가능성이 거의 없고, 게다가 '모두' '전부'라는 부사어를 써서 극단적으로 표현하고 있습니다. 학생들은 지식이 없어도 이런 답지가 오답임을 금방 압니다. 그러므로 매력이 없는 오답입니다. 매력적인 오답으로 바꾸어 보면 다음과 같습니다.

☞ 개선 예시
① 살충제를 전 도시에 뿌린다.
② 모든 음식과 물을 끓여 먹는다.
③ 외출할 때는 마스크를 착용한다.

④ 더러운 것을 모두 땅속에 묻어 버린다.

⑤ 집이나 거리에 있는 진흙을 깨끗이 치운다.

→ 정답은 ③번이며, ⑤번은 매력적인 오답이 됩니다. 또한 선지 배열에도 전략이 필요합니다.

■ **정오답의 원칙**
- ▸ 정답 위치가 패턴화되지 않도록 한다.
- ▸ 모든 선지가 유사한 길이, 구조를 가지도록 한다.
- ▸ '항상' '절대' '오직' 등 극단적 표현은 오답을 유추하는 단서가 될 수 있으므로 사용에 주의한다.

출제 후 반드시 체크해야 할 항목

항목	점검 질문
문두	질문이 한 가지 개념만을 다루고 있는가?
정답지	수업의 핵심 내용과 일치하는가?
오답지	오개념, 유사 개념을 반영했는가?
선지 구조	문법, 길이, 어휘 수준이 균형 있게 구성되었는가?
단서 제거	정답을 유추할 만한 힌트(길이, 표현 등)는 없는가?
정답 위치	특정 번호에 정답이 몰려 있지는 않은가?

마무리 Tip

선다형 문항은 단지 '객관식'이라는 이유로 가볍게 다뤄져서는 안 됩니다.

선지 하나하나가 수업의 깊이를 반영하고, 학생의 이해 수준을 정교하게 측정합니다.

정답을 낸다는 것이 아니라 왜 정답인지, 왜 나머지는 오답인지 설명할 수 있어야 진짜 좋은 문항입니다.

오답을 설계하는 과정에서 '내가 수업 중 무엇을 강조했는가'를 되짚어 보게 된다면,

그 자체로 이미 출제가 수업을 복기하는 과정이 되는 셈입니다.

# 7장

서술형 문항 제작

"정답이 하나뿐이라면, 왜 서술형으로 물어볼까?"

서술형은 생각을 드러내는 도구입니다.

어렵지만 꼭 필요한 이유입니다.

① - 좋은 서술형 문항의 조건

② - '정답'의 요건

③ - 채점 기준표 만드는 법

④ - 모범 답안 없이도 명확한 기준 만들기

좋은 서술형 문항의 조건
서술형은 학생의 사고 흐름을 보는 창

서술형 문항 출제가 정말 어렵다는 말을 자주 듣습니다. 학생에게도 어렵지만, 사실 교사에게 더 어려운 '출제'입니다. 단답형 문항은 답이 정해져 있지만, 서술형은 학생의 '사고 과정'까지 함께 평가해야 하기 때문이지요.

그렇다면 좋은 서술형 문항이란 어떤 문항일까요?

단순히 문장을 쓰게 하는 것이 아니라 **생각을 꺼내게 하고, 이유를 요구하며, 근거를 설명하도록 유도하는 문항**이어야 합니다. 좋은 서술형 문항은 다음의 조건을 갖추고 있어야 합니다.

조건 1. 학생의 사고 과정을 유도하는 문항이어야 한다

- "무엇을 아는가?"보다 "어떻게 생각했는가?"를 묻는 문항
- 정답 하나보다 여러 가지 사고 경로가 열릴 수 있는 문항

• 예시 비교

좋지 않은 문항	더 나은 문항
"이 글의 주제를 서술하시오."	"이 글에서 A의 입장이 가장 잘 드러난 문장을 찾아, 그 이유를 설명하시오."
"우리나라의 수도를 서술하시오."	"수도를 서울로 정한 이유에 대해 역사적, 지리적 측면에서 서술하시오."

→ 단순한 지식 전달이 아닌, 이유와 근거를 설명하게 해야 합니다.

조건 2. 문항의 질문이 명확하고 구체적이어야 한다

좋은 서술형 문항은 질문 자체가 모호하지 않아야 합니다. 질문이 애매하면 학생은 무엇을 써야 할지 몰라서 엉뚱한 답을 쓰거나, 지나치게 방대한 내용을 서술하게 됩니다.

- 예시: 이 인물에 대해 서술하시오.

→ "이 인물이 사건에서 취한 행동의 이유를 중심으로 서술하시오." 등으로 구체화하는 게 좋습니다.

→ "이 인물의 태도 변화를 시간순으로 정리해 설명하시오."

문항을 읽는 순간, 답안의 구조가 자연스럽게 그려지는 형태가 이상적입니다.

조건 3. 적정 분량과 응답 시간 안에서 답할 수 있어야 한다

서술형이라고 해서 무조건 길게 쓰게 만들 필요는 없습니다. 핵심은 '논리적 사고 흐름'입니다. 너무 길게 써야 답이 되는 문항은 집중력과 문장력을 평가하게 될 가능성이 있어요. 반대로, 한두 문장으로도 학생의 사고 과정을 드러낼 수 있다면 그 문항은 훌륭한 서술형 문항입니다.

- 실제 사례

→ 글쓴이는 '효'를 단순한 도리가 아니라 관계의 책임이라 보았다. 그 이유가 가장 잘 드러나는 문장을 제시하고, 자신의 견해를 덧붙이시오.

→ 이처럼 학생의 이해 → 분석 → 표현을 자연스럽게 끌어내는 문항이 좋은 서술형 문항입니다.

마무리 Tip

서술형 문항은 학생의 문장력만 평가하는 도구가 아닙니다.

학생의 생각을 얼마나 자연스럽게 끌어낼 수 있느냐,

그리고 그 사고 과정을 얼마나 정교하게 질문에 담아내느냐에 따라 평가의 질이 달라집니다.

질문을 단순히 "쓰시오"로 끝내는 것에서 한 걸음 더 나아가 보세요.

질문 속에 사고의 방향을 제시하고, 학생이 "무엇을, 왜, 어떻게 써야 하는가" 감을 잡을 수 있도록 설계하는 것.

그것이 서술형 출제의 핵심입니다.

'정답'의 요건
서술형에선 '정답'보다 '과정'이 더 많이 말한다

서술형 평가를 하다 보면 이런 고민에 자주 부딪히게 됩니다.

"이 학생의 답, 뭔가 맞는 것 같긴 한데 점수를 줘야 할까, 말아야 할까."

선다형처럼 '1번이냐, 3번이냐'가 아니라, 서술형에서는 학생이 자신의 표현으로 설명하고 다양한 방식으로 사고를 전개하기 때문에 정답의 기준을 단순히 하나로 정하기 어렵습니다.

서술형 평가에서는 무엇보다 "학생이 무엇을 근거로 그렇게 썼는가"를 중심으로 판단해야 합니다. 다시 말해, 답의 '내용'보다 '방식'과

'과정'이 중요합니다.

핵심 판단 기준 1: 핵심 개념에 접근하고 있는가?

학생이 정확히 정답을 쓰지는 못했더라도, 수업 시간에 강조한 개념, 중심 사고, 문제 해결의 방향을 스스로의 언어로 재구성했다면 그건 '부분 정답'으로 인정할 수 있습니다.

엉뚱한 내용을 썼거나, 질문과 무관한 서술을 반복했을 때는 오답 처리를 할 수 있습니다.

- 예시

학생 A: "참된 배움은 성적을 잘 받는 것이 아니라, 어려운 문제를 해결하려고 고민하는 과정이라고 생각한다. 수학에서 도형 문제를 여러 번 시도하면서 그 의미를 느꼈다."

→ 완벽한 문장은 아니지만, 질문의 핵심 개념(참된 배움)과 관련된 사고 흐름을 드러내고 있습니다.

→ 핵심에 접근하고 있는 것으로 판단할 수 있습니다.

핵심 판단 기준 2: 논리적 전개와 근거 제시가 이루어졌는가?

서술형 문항에서는 단순히 학생이 "무슨 생각을 했는가"를 확인하는 것만으로는 부족합니다. 더 중요한 것은 그 생각이 어떻게 전개되는지를 보는 겁니다.

- 주장(생각)을 먼저 밝히고,
- 그 주장에 대해 왜 그렇게 생각했는지,
- 어떤 근거나 사례를 통해 설명하고 있는가.

"나는 A가 맞다고 생각한다." → 불충분한 설명입니다.
"나는 A가 맞다고 생각한다. 왜냐하면 B이기 때문이다." → 기본적 구조 언급에서 그쳤습니다.
"나는 A가 맞다고 생각한다. 왜냐하면 B인데, 구체적인 사례로 C가 있기 때문이다." → 매우 좋은 서술입니다.

• 예시

학생 B: "종이컵 대신 텀블러를 사용하는 것이 좋다고 생각한다. 매일 커피를 마시는 사람 한 명이 텀블러를 사용하면, 일 년에 300개 이상의 종이컵을 줄일 수 있기 때문이다."

→ 실천 방안 제시+수치 기반의 근거 제시 → 논리적 사고 구조를 확인할 수 있는 서술입니다.

- 실천 방안 제시: 종이컵 대신 텀블러 사용
- 그 이유: 자원 낭비를 줄일 수 있음
- 구체적 근거: '하루 한 개×300일=300개'라는 수치 근거 제시

• 서술형 평가의 채점 판단 예시

수준	답변 예시	채점 시 판단
1단계	환경을 보호하려면 분리수거를 해야 한다.	주장만 있음 이유 없음
2단계	분리수거를 하면 쓰레기가 줄어 환경이 깨끗해진다.	근거가 막연함
3단계	분리수거를 하면 쓰레기 양이 줄고, 재활용률이 높아져 자원 낭비를 막을 수 있다. 실제로 ○○시에서 분리수거 이후 쓰레기 양이 20% 줄었다.	주장의 논리 +구체적 근거

핵심 판단 기준 3: 질문의 조건을 충실히 반영했는가?

좋은 서술형 답변은 문제의 요구 사항을 빠짐없이 반영합니다. 질문이 '근거를 들어 설명하라.' '자신의 경험과 연결하라.'라고 했으면

그 조건이 답변 안에 반드시 들어 있어야 합니다.

- 예시 비교
▶ 조건 누락 사례

"나는 글쓴이의 의견에 반대한다."

→ 반대는 했지만 이유가 없음 → 감점 대상에 해당합니다.

▶ 조건 충족 사례

"나는 글쓴이의 의견에 반대한다. 왜냐하면 그 주장은 모두에게 적용되기 어렵고, 나의 경험과도 다르기 때문이다."

→ 질문 조건을 인지하고 그에 맞게 서술했습니다.

마무리 Tip

서술형 문항은 "정답이 하나만 존재하지 않는 경우"가 대부분입니다.
따라서 평가의 핵심은 학생이 '무엇을 썼느냐'보다
'어떻게 생각했느냐'에 있지요.

✓ 학생이 문제 의도를 파악했는가?
✓ 중심 개념에 접근하고 있는가?
✓ 논리적으로 사고를 전개했는가?

✓ 자신의 언어로 사고를 표현했는가?

이 네 가지 질문으로 답안을 바라보면 단순히 '맞았다, 틀렸다'를 넘어서 배움의 깊이를 발견하는 학생의 눈도 열릴 것입니다.

채점 기준표 만드는 법
명확한 기준이 없다면, 공정한 평가도 없다

서술형 문항에서 가장 민감한 문제는 채점의 공정성입니다.

같은 답안이라도 누가 보느냐에 따라 점수가 달라지는 경우라면 학생과 학부모는 큰 혼란을 느끼고, 교사 역시 곤란한 상황에 처할 수 있습니다. 그래서 서술형 평가에서는 반드시 채점 기준표가 필요합니다.

이 채점 기준표는 단순히 정답 여부를 판정하는 틀이 아니라, 학생의 사고 수준을 구분하고 교사의 채점을 표준화하는 도구입니다.

채점 기준표란?

서술형 문항에 대해, 어떤 답이 몇 점인지를 명확하게 제시한 표입니다.

기준표는 보통 다음과 같이 구성합니다.

점수	채점 기준
3점	질문에 정확히 답하고, 논리적 근거와 예시가 포함됨
2점	질문에 대체로 답하였으나 일부 누락됨
1점	핵심 개념은 포함되었으나 근거나 설명이 부족함
0점	문항의 의도와 무관한 내용이거나 무응답

실제 사례로 살펴보기

- 문제: 쓰레기를 줄이기 위한 개인의 실천 방안을 제시하고, 그 효과를 설명하시오.

점수	예시 답안	기준 해설
3점	"일회용 봉투 대신 장바구니를 사용한다. 이 방법은 플라스틱 사용을 줄이는 데 효과적이며, 재사용이 가능하다."	실천 방안+효과 설명+구체적 근거 포함

2점	"장바구니를 쓰면 도움이 된다. 플라스틱을 안 쓰게 되기 때문이다."	실천 방안과 효과는 있으나 설명이 다소 부족
1점	"장바구니가 좋다."	개념 언급만 있음, 설명 없음
0점	"잘 모르겠다." 또는 무응답	문항 무관

■ 기준표 작성 시 유의할 점

▸ 조건 누락 사례

문제에서 요구한 요소(예: 실천 방안, 효과, 근거)를 기준으로 점수를 배분합니다.

▸ 언어 표현보다 사고의 흐름을 중심으로 평가한다.

문법적 오류보다는 생각의 방향과 구조를 중시합니다.

▸ 채점자 간 일관성을 고려한다.

공동 채점이 있을 경우, 누구나 이해할 수 있도록 기준을 구체화해야 합니다.

- 예시: '논리적'이라는 표현 대신 "이유와 예시가 모두 포함됨"처럼 명시합니다.

▸ 부분 점수 부여의 기준을 명확히 한다.

→ 3점 만점 문항이라면 2점, 1점의 기준을 문항 의도에 맞게 세분화합니다.

다양한 사례별 해결책: 이럴 땐 이렇게 대응하기

- 채점 기준의 두 부분에 걸친 애매한 답변이 나왔을 때: "점수는 줄 수 있을까?"

  → 해결 방법: 부분 점수 기준을 미리 만들어 둡니다.
  특히 0점과 1점, 1점과 2점 경계선에서의 답변은 자주 논란이 되지요. 그러므로 이 기준을 문항별로 구체화해 두는 것이 중요합니다.

- 공동 채점 시 점수 차이가 날 때: "내가 너무 관대했나? 다른 교사 점수가 너무 짰나?"

  → 해결 방법: 채점 전 '기준 합의'+채점 후 '불일치 조정' 과정
  채점 전에 함께 기준표를 검토하면서 예시 답안에 점수를 매겨 보고, "이건 2점 줄 수 있어요?" "아니요, 핵심 개념이 빠졌어요." 같은 식으로 합의점을 찾아야 합니다.
  실제 채점 후 점수가 다르게 나온 문항이 있으면, 반드시 이견이 있는 문항만 따로 모아 다시 합의 채점을 합니다.

- 작은 팁
  ▸ 10문제 중 1~2문항만 이견이 나오는 건 자연스러운 일이다.

▸ 중요한 것은 이견이 재현 가능하게 조정되도록 사례와 기준을 공유하는 것이다.

■ **예상치 못한 정답이 나왔을 때: "생각하지 못했는데, 정말 좋은 답인데요?"**
오히려 가장 긍정적인 상황입니다. 모범 답안에는 없었지만 학생이 타당하고 창의적인 답을 썼을 경우엔 이렇게 합니다.
→ 해결 방법: 문제의 평가 목적을 먼저 되돌아봅니다.
이 문항은 "정해진 용어를 쓰는가?"가 핵심인지, 아니면 "그 개념을 이해하고 설명했는가?"가 핵심인지에 따라 판단이 달라집니다. 해당 답안이 질문 의도와 부합하고, 논리적이면 '정답 범위'를 넓혀야 합니다.
→ 이런 사례는 '채점 기준 추가'로 해결하며, 반드시 교과 협의록에 해당 내용을 남기도록 합니다.

마무리 Tip

채점 기준표는 교사의 전문성과 공정성을 동시에 보여 주는 중요한 도구입니다. 서술형 문항을 평가할 때, 학생에게 신뢰받는 평가가 되기 위해서는 "왜 이 점수를 주었는가" 교사가 스스로 설명할 수 있어야 하지요.

기준표가 있다면 학생에게 피드백이 명확해지고,

기준표를 만드는 과정에서 교사는 수업과 문항을 복기하게 됩니다.

좋은 기준은 단순히 점수를 매기는 도구가 아니라,

학생의 성장을 이끄는 안내서가 될 수 있습니다.

모범 답안 없이도 명확한 기준 만들기
모범 답안은 하나지만, 판단 기준은 열려 있어야 한다

서술형 평가를 할 때, 많은 교사가 가장 불안해하는 지점은 이것입니다.

"학생이 예상치 못한 답을 썼는데, 이건 맞다고 해야 할까요?"

모범 답안은 문항 출제자가 의도한 이상적인 답안입니다. 하지만 학생들은 각자의 방식으로 사고하고, 표현하며, 때때로 모범 답안과는 전혀 다른 경로로도 문제의 본질에 도달하지요. 그래서 서술형 평가에서 진짜 중요한 것은 '모범 답안' 하나를 정해 놓고 그것과 얼마나 일치하는지를 평가하는 것이 아니라, **핵심 개념에 접근했는가, 논리**

적으로 사고했는가, 질문의 의도를 파악했는가를 기준으로 열린 판단 기준을 세우는 것입니다.

핵심은 '답의 형태'가 아니라 '사고의 방향'

- 예시
  ▶ 예시 A (전형적 정답)
  "민주주의는 국민의 의견을 반영하는 정치 체제이기 때문에, 많은 사람이 선택한 방향으로 의사를 결정해야 한다."
  ▶ 예시 B (예상 밖의 답)
  "모든 사람의 의견을 다 반영할 수는 없기 때문에, 가장 많은 사람이 원하는 쪽으로 결정하는 것이 공정하다고 생각한다."
  → 표현 방식은 달라도 핵심 논리는 같습니다.
  두 답 모두 다수의 의사를 중심으로 의사 결정하는 민주주의의 원리를 담고 있죠. 이럴 때 기준표는 '핵심 개념에 도달했는가'라는 열린 틀을 가지고 있어야 합니다.

- **예상치 못한 정답, 어떻게 평가할 것인가?**
  ▶ 질문의 의도를 기준으로 판단한다.
  ▶ 질문이 요구한 사고 흐름에 도달했는가?

▸ 문제 상황을 정확히 해석했는가?

▸ 서술에 나타난 논리와 근거의 수준을 평가한다.

▸ 생각의 방향이 타당한가?

▸ 이유가 설득력 있게 전개되었는가?

→ 표현 방식이 다르더라도, 의미가 통한다면 정답으로 인정합니다

명확한 판단 기준을 갖는 연습

판단 기준 예시	설명
핵심 개념 포함 여부	수업에서 강조한 개념이 포함되어 있는가?
논리적 전개	주장의 근거가 타당하게 이어지는가?
조건 반영	문제에서 요구한 요소(이유, 예시 등)를 포함했는가?
표현의 명확성	문장이 모호하지 않고 의미 전달이 분명한가?

• 이 기준은 표현과 문장력보다는 사고력에 집중합니다.

마무리 Tip

모범 답안이 하나뿐이라면,

그 문항은 서술형일 필요가 없을지도 모릅니다.

서술형 문항은 다양한 사고를 허용하고,

학생의 생각을 듣기 위한 질문이어야 하지요.

- 모범 답안은 참고용일 뿐, 절대 기준이 아니다.
- '답'보다 '생각'을 평가하는 기준을 세우는 것이 중요하다.
- 예상 밖의 훌륭한 답안을 마주칠 수 있다는 가능성을 열어 둔다.

좋은 서술형 문항은

답을 평가하는 것이 아니라,

학생의 생각에 귀 기울이는 출발점입니다.

8장

수행평가 설계

"재미있게 했다고 잘한 건 아닐 수도 있다."
수행 평가는 공정성과 설계력의 싸움입니다.
좋은 수행 평가는 사례가 아니라 '맥락'에서 나옵니다.

① - 활동형 과제에서 놓치기 쉬운 요소

② - 루브릭, 제대로 활용하기

③ - 이의 제기에 대처하는 방법

④ - 수행 평가 설계 사례

활동형 과제에서 놓치기 쉬운 요소

공정성과 신뢰성의 균형 확보하기

겉보기는 멋져도, 평가가 빠진 활동은 그냥 '행사'입니다.

"이번에 포스터를 만들게 했더니 아이들이 참 열심히 하더라고요."
"역할극을 했는데 분위기는 정말 좋았어요."

수행 평가는 학생들이 몸으로 직접 체험하고 표현할 수 있어 매력적인 평가 방식입니다. 그러나 수업 분위기나 결과물의 화려함만으로 평가가 제대로 이루어졌다고 보기는 어렵지요. 활동형 과제에서 가장 흔히 발생하는 문제는 '**과제는 재미있는데, 평가 요소가 불분명한 경우**'입니다. 겉으로 드러나는 '결과'보다 그 결과를 만들기까지의 과정이 제대로 담겨 있는지, 그리고 명확한 평가 기준이 있었는지가 무엇보다 중요합니다.

흔히 빠지는 요소 1: '과정 평가'의 부재

학생이 결과물은 잘 냈지만, 과정 중 어떤 태도와 사고를 보였는지는 모르는 경우가 많습니다. 특히 모둠 활동에서 누가 얼마만큼 기여했는지, 어떤 사고를 주도했는지는 간과하기 쉽지요.

- 예시: 과제 — 환경 문제를 주제로 한 포스터 만들기

문제점은 누가 디자인했는지, 누가 아이디어를 냈는지 알 수 없습니다.
→ 단순히 예쁘고 깔끔한 포스터에 고득점을 줄 가능성이 커지게 됩니다.

흔히 빠지는 요소 2: 평가 기준의 불명확성

"열심히 했다" "창의적이었다" 같은 표현은 구체적이지 않기 때문에 공정성을 담보하기 어렵습니다. 학생과 학부모가 평가 결과를 받아들이려면, 과제 수행 전부터 무엇을 평가하는지를 명확히 안내해

야 합니다.

• 예시

평가 요소	수준별 설명
주제 의식	문제를 명확히 설정하고, 관련성 있는 자료를 활용하였는가
협업 태도	의견을 조율하고 팀원들과 성실히 협력하였는가
표현력	시각적·언어적 표현이 주제와 잘 연결되었는가

흔히 빠지는 요소 3: '실제 학습 목표'와 연결 부족

가끔 활동형 과제가 그냥 흥미 위주의 체험 행사처럼 진행될 때가 있습니다. 그 활동이 수업의 어떤 목표와 연결되어 있는지 불분명하다면, 학생의 성취 수준을 정확히 판단하기 어렵습니다.

• 예시: "역사 역할극을 했는데 아주 재미있었어요."
→ 수업 목표인 '사건의 원인과 결과 분석'이 과제에 녹아들지 않았다면 학습 평가로 기능하기 어렵습니다.

마무리 Tip

활동형 과제는 학생의 창의성, 표현력, 참여도를 두루 살필 좋은 기회입니다.
하지만 다음 세 가지가 빠지면,
그건 평가가 아니라 '행사'일 가능성이 크지요.

▸ 평가 요소가 수업 목표와 연결되어 있는가?
▸ 결과뿐 아니라 '과정'을 어떻게 평가할 것인가?
▸ 평가 기준이 사전에 안내되었는가?

수행 평가의 핵심은 '참여'가 아니라 '의미 있는 평가'입니다.
그 의미를 놓치지 않을 때, 비로소 수행 평가는 수업을 완성하는 도구가 됩니다.

루브릭, 제대로 활용하기
점수를 매기는 도구가 아니라, 배움을 안내하는 지도

수행 평가에서 '루브릭'은 더 이상 낯선 용어가 아닙니다. 많은 선생님이 루브릭을 활용해 평가 기준을 제시하고 점수를 부여합니다. 하지만 실제로는 루브릭을 형식적으로 작성하거나, 평가자만 참고하고 학생에게는 공유하지 않는 경우도 많습니다.

루브릭의 진짜 가치는 점수화가 아니라, 학생이 자신의 학습 과정을 성찰하고 성장하도록 돕는 데 있다는 것을 기억해 주세요.

루브릭은 '점수표'가 아니라 '학습 안내서'

좋은 루브릭은

▸ 학생에게는 무엇을 어떻게 해야 하는지 방향을 제시하고,

▸ 교사에게는 채점의 기준을 명확히 제공하며,

▸ 학부모에게는 평가 결과에 대한 이해 가능한 설명 자료가 된다.

루브릭의 기본 구성

보통 수준(Level)을 3~4단계로 나누고, 수준마다 명확한 행동 지표를 서술합니다.

- 예시: '포스터 만들기' 과제용 루브릭(3단계 기준)

평가 요소	3점(우수)	2점(보통)	1점(미흡)
주제 이해	주제를 정확히 파악하고 표현함	주제를 일부 이해하고 표현함	주제를 잘못 이해하거나 표현이 부족함
표현력	시각적으로 명확하고 창의적으로 구성함	시각적 요소가 일부 부족함	표현이 미흡하거나 불완전함
협업 태도	적극적으로 참여하고 조율함	일부 의견을 제시함	소극적이거나 참여하지 않음

루브릭 활용의 실전 팁

■ **사전에 학생과 공유한다.**

→ 수행 전, 루브릭을 반드시 학생에게 설명하고 이해시키는 것이

중요합니다.

'이 과제에서 무엇이 중요한가'를 알게 되면, 학생의 참여와 몰입도가 달라집니다.

- **평가 후 피드백 도구로도 활용한다.**

  → 점수만 주고 끝나는 것이 아니라, 루브릭 항목 중 부족한 부분을 중심으로 개별 피드백을 제공해 주세요.

- **가능하면 자기 평가나 상호 평가에도 적용한다.**

  → 학생이 루브릭을 기준 삼아 스스로 평가해 보는 활동은 학습의 주체로 성장하게 하는 효과가 있습니다.

루브릭 공개의 좋은 점

- **학습 목표의 명확화**

  → 학생은 평가 기준을 미리 알기 때문에, 무엇을 중점적으로 학습하고 준비해야 할지를 명확히 파악할 수 있습니다.

  → 학습이 '교사 중심'에서 '학생 중심'으로 전환되는 계기가 됩니다.

- **자기 점검 및 자기 주도 학습 촉진**

    → 루브릭을 보고 자신의 수행을 스스로 점검하고 수정하는 훈련을 할 수 있습니다.

    → 학생이 '어떻게 하면 더 좋은 결과를 낼 수 있는가'를 구체적으로 고민하게 합니다.

- **평가의 공정성과 투명성 향상**

    → 교사가 자의적으로 점수를 매긴다는 불신을 줄이고, 신뢰도 높은 평가를 할 수 있습니다.

    → 결과에 대한 이해도와 수용도가 높아집니다.

- **형성 평가로의 활용 가능**

    → 루브릭을 미리 제시하면 그것이 하나의 형성 피드백 도구가 되어, 수업 중간에 학생의 방향성을 조정할 수 있습니다.

혹시 사교육에서 악용할 여지는 없을까?: 보완 방법

학원에서 루브릭을 분석해 예상 답변을 가르치거나, '모범 답안 훈련' 위주로 지도할 가능성이 있습니다. 이 경우 평가가 학생의 실제 능력보다 외부의 '가공된 답안'에 의해 좌우될 우려 역시 있지요.

- **루브릭을 '기준'이자 '피드백 도구'로 인식시킨다.**
  → 단순한 점수 산정 기준이 아니라, 학습을 위한 방향 제시 도구임을 강조해야 합니다.

- **루브릭을 단순 암기가 불가하도록 설계한다.**
  → '창의성' '논리성' '구체성' 등을 평가 요소로 포함하여 결과보다 과정과 사고를 중시하도록 합니다.

- **모의 평가나 자기 채점 활동을 도입한다.**
  → 학생이 루브릭에 따라 서로 채점하거나 자기 수행을 평가해 보게 하면, 기준에 대한 이해도도 높아지고 왜곡된 대비도 줄어들게 됩니다.

- **불완전 정답에 대한 교사의 재량을 열어 둔다.**
  → 예상하지 못한 답변이 나올 수 있음을 인정하고, '예상하지 못한 창의적 답변에 대해 가산점 가능' 같은 유연한 문구를 포함할 수도 있습니다.

마무리 Tip

루브릭은 '채점의 공정성'보다
먼저 '학습의 방향성'을 제시하는 도구라는 점을 잊지 마세요.

- 루브릭을 단순히 기록용으로만 사용하지 않는다.
- 학생이 읽고, 이해하고, 활용할 수 있는 언어로 표현한다.
- 수행 전 → 수행 중 → 수행 후까지 모든 단계에서 루브릭을 적극적으로 활용한다.

루브릭을 잘 활용하면 평가가 가르침이 되고,
학생에게는 다음 배움으로 이어지는 길이 됩니다.

이의 제기에 대처하는 방법
'점수'보다 먼저 '과정'을 설명할 수 있어야 한다

수행 평가는 관찰, 판단, 해석이 개입되기 때문에 학생과 학부모가 점수 결과에 이의를 제기하는 경우가 종종 있습니다.

"우리 아이가 엄청 열심히 했는데 왜 2점이에요?"
"다른 애보다 더 잘했는데 점수가 낮은 이유가 뭔가요?"

이러한 질문에 대해 "제가 직접 봐서 그래요." 또는 "느낌상 이 정도였어요."라고 말하면 교사에 대한 신뢰는 금세 흔들립니다.
학생과 학부모가 받아들일 수 있는 수행 평가를 위해서는 사전 안내, 평가 기준, 피드백 이 세 가지를 확실히 준비해야 합니다.

평가 요소와 루브릭은 과제 제시 때 미리 제공한다

수행 평가의 결과에 대한 가장 흔한 오해는 기준이 뭔지 몰랐다는 말입니다. 이는 단지 안내 부족이 아니라, 공정한 평가 원칙을 어긴 것으로 해석될 수 있어요. 더욱이 제출 직전이나 채점 후에 기준을 제시하면, 학생은 평가 결과를 받아들이기 어렵겠지요.

- **실전 팁**
  - ▶ 평가 계획표나 루브릭을 수업 시간에 충분히 설명한다.
  - ▶ 학급 게시판, 학급 홈페이지에 업로드하는 것도 좋은 방법이다.
  - ▶ 가정통신문 등을 통해 평가 기준표를 함께 제시하면 신뢰도가 크게 올라간다.

구체적인 피드백 문장을 준비한다

수행 평가 점수에 대한 질문은 단골 민원입니다. 그때마다 말문이 막히지 않도록 대표적인 피드백 문장을 정리해 두는 것이 좋습니다.

예를 들어 '포스터 발표 평가'를 했을 경우,

"B 학생은 발표 태도는 좋았지만, 핵심 내용을 요약하는 데 어려움을 보였습니다. 루브릭의 '내용 구성' 항목에서 2점으로 평가된 이유입니다."

같은 식으로 피드백할 수 있다면 어렵지 않을 것입니다.

- **좋은 피드백의 조건**
  ▸ 평가 항목에 근거한 설명을 준다.
  ▸ 비교보다 자기 기준을 강조한다. ("다른 아이보다 못했다."라는 표현은 지양한다.)
  ▸ 다음에 개선할 수 있는 방향을 제시한다.

공동 채점 또는 녹화 자료를 활용할 수 있다

예전에는 공동으로 채점하는 수행 평가를 거의 하지 않았지만, 요즘은 가끔 둘 이상의 교과가 함께 수행 평가를 실시하기도 합니다. 학생들의 수행 평가 시기가 거의 비슷하기 때문에 과목마다 시기가 겹쳐 어려움을 겪는 경우가 있는데, 미리 학기 초에 공동 수행 평가를 기획해 실시한다면 학생들의 부담도 덜고, 공정한 평가를 실시하는 데 도움이 될 수 있습니다.

특히 민감하거나 분쟁 가능성이 있는 수행 평가의 경우, 공동 채점, 녹화 보존, 사진 기록 등의 방법으로 객관성을 높일 수 있어요. 발표형 과제는 간단한 동영상 기록을 남겨 두면 이후 학부모 상담이나 점수 이의 제기 시 판단 근거가 됩니다.

모든 과제를 녹화할 필요는 없지만, 민원 가능성이 큰 활동은 사전 기록을 고려해 보세요. 학교 차원에서 수행 평가 공동 채점 모임을 운영하면 교사 간 평가 기준의 일관성도 확보할 수 있습니다.

마무리 Tip

공정한 평가는 결과가 아니라 절차에서 만들어집니다.
학생과 학부모가 "왜 이 점수를 받았는지 알겠다."라고 느끼는 순간,
그 수행 평가는 성공한 것입니다.

- ▶ 과제와 기준은 처음부터 함께 제시한다.
- ▶ 피드백은 구체적으로, 기준에 근거해 설명한다.
- ▶ 민감한 활동은 기록과 협업으로 객관성을 확보한다.

공정성은 단지 점수의 문제가 아닙니다. 신뢰를 쌓는 교육의 기반입니다.

수행 평가 설계 사례
잘 만든 수행 평가는 수업을 확장한다

　수행 평가는 교사의 상상력과 기획력을 요구하는 평가입니다. 수업 내용과 평가 과제를 어떻게 연결할 것인가, 그리고 어떻게 학습 목표에 맞는 활동으로 설계할 것인가가 핵심입니다.
　그런데 형식만 '수행'이고 실제로는 단순 발표나 결과물 나열에 그치는 경우도 적지 않습니다.
　학습 목표 → 과제 설계 → 평가 기준의 흐름이 자연스럽게 연결된 수행 평가에 대해 살펴봅시다.

| 수행 평가 사례 1 | **국어과 — 문학 감상 발표 과제**

단원 목표

: 인물의 관점과 정서를 중심으로 문학 작품을 감상하고 해석한다.

과제

: 작품 속 인물 중 하나를 선택해, 그 인물의 입장에서 일기를 작성한 후 낭독한다.

평가 기준

- 인물의 관점이 잘 드러났는가 (3점)
- 줄거리의 흐름과 조화되는가 (2점)
- 감정 표현과 말투에 신경을 썼는가 (2점)
- 낭독의 태도와 발음이 명확했는가 (3점)

포인트

- 단순 감상문이 아닌 '역할 내면화' 기반의 창의적 확장
- 글쓰기와 발표 능력을 동시에 평가할 수 있음

| 수행 평가 사례 2 | **사회과 — 지역 이슈 신문 제작**

단원 목표

: 지역 문제를 조사하고 다양한 관점에서 해결 방안을 모색한다.

과제

: 우리 지역의 교통 문제 또는 환경 문제를 주제로, 기사 2건 이상이 포함된 신문을 제작한다.

평가 기준

- 문제 인식과 관점의 명확성 (3점)
- 기사 구성과 편집의 완성도 (3점)
- 사실과 근거 제시의 타당성 (2점)
- 조별 협업 태도 (2점)

포인트

- 단순 조사 발표를 넘어 언론 형식 활용으로 학습 몰입도 증가
- 창의성과 정보 활용 능력 동시 평가

| 수행 평가 사례 3 | 과학과 — 실험 설계 보고서

단원 목표

: 가설 설정과 실험 설계 과정을 이해하고 적용한다.

과제

: 일상에서 의문을 품은 현상을 하나 골라, 가설을 세우고 실험을 설계하여 보고서 작성

평가 기준

- 가설의 과학적 타당성 (3점)
- 실험 절차의 논리성과 안전성 (3점)
- 결과 예측과 결론의 일관성 (2점)
- 보고서 구성과 표현력 (2점)

포인트

- '정답 맞히기'보다 탐구적 사고를 촉진하는 평가 설계
- 실험을 실제 수행하지 않아도 논리적인 사고 과정 중시

 마무리 Tip

사례 중심의 수행 평가 설계는 단순한 활동이 아니라
"배움의 확장"을 이끌어 냅니다.

- ▸ 활동만 요란하고 평가 요소는 빠진 과제는 지양한다.
- ▸ 수업 목표와 평가 과제를 처음부터 함께 설계한다.
- ▸ 다양한 수행 형태를 시도하되, 기준은 단순하고 명확하게 유지한다.

수행 평가도 결국 "무엇을 가르쳤는가"의 반영입니다.
그래서 평가를 보면 수업이 보이고,
좋은 평가 설계는 곧 좋은 수업 설계입니다.

9장

문항 출제 따라 하기

"문항 출제의 과정은 길을 잘 찾으면 생각보다

어렵지 않을 수도 있다."

함께 천천히 따라 해 보세요.

① - 출제를 준비하며

② - 출제 계획표와 이원 분류표 작성하기

③ - 문항 하나씩 출제하기

④ - 문항 검토와 편집, 마지막 다듬기

출제를 준비하며
문제 출제도 수업처럼 준비가 절반이다

출제는 갑자기 닥치는 일이 아닙니다. 하지만 초임 교사들은 발령을 받자마자 한 달도 되지 않아 시험 범위를 제출하고 평가 문항을 언제까지 내라는 통보를 받게 됩니다. 많은 경력 교사 또한 이 기간에 계속 부담을 느끼면서 시간을 보내는 경우가 많습니다.

"이번엔 어떤 문항을 내야 하지?"
"지난번처럼 오류가 있으면 안 되는데."

출제를 단순한 '문항 제작'이라고 생각하면 언제나 부담스럽고 막막할 수밖에 없습니다. 그러나 평가 역시 수업의 일부이고, 학기 초부터 설계해야 할 과정이라고 생각하면 시야가 조금 넓어집니다.

학기 초, 평가 계획부터 시작이다

"올해는 어떤 방향으로 평가할까?"

출제는 시험 직전에만 고민할 일이 아닙니다. 학기 초 평가 계획 수립이야말로 출제의 첫 단추예요. 너무나 할 일이 많은 2월이지만, 차분히 1년의 평가 계획을 다듬어 보는 것을 추천합니다. 현실적으로 쉽지 않은 일이지만, 해마다 이 일을 실제로 하는 학교가 늘어나고 있습니다.

평가 계획을 작성할 때는 다음과 같은 절차를 거칩니다.

- ▸ 국가 표준 교육과정 내용을 살펴본다.
- ▸ 대단원과 소단원의 필수 교육 목표를 선정한다.
- ▸ 평가 목표를 추출한다.
- ▸ 문항 출제를 위한 기본적인 준비를 한다.
- ▸ 출제 유의 사항을 점검한다.

평가 계획을 세울 때는 다음 내용에 유의하여 작성하면 좋습니다.

- 되도록 동학년 교사들과 함께 평가 계획을 세우도록 한다.
- 영역별 출제 비중을 적절하게 조정한다.
- 문항 형식을 적절하게 조정한다.

■ **실전 팁**

평가 계획은 교무부에서 일괄 제출하더라도, 개별 교사 차원에서 수업 흐름과 맞춘 사전 설계가 필요합니다. 수업은 살아 움직이기에, 평가 역시 유기적으로 흐름을 따라가야 하지요.

출제 의도부터 점검한다

문항 출제의 시작은 '무엇을 묻고 싶은가?'를 명확히 하는 것입니다. 이를 위해 다음과 같은 질문으로 시작해 보세요.

질문	설명
어떤 능력을 평가할 것인가?	개념 이해, 적용, 분석, 자기표현?
출제의 목적은 무엇인가?	형성 평가인가, 총괄 평가인가, 수행 평가인가?
학생에게 어떤 피드백을 줄 것인가?	배움의 결과인가, 과정인가?

이러한 출제 의도 정리는 문항의 문두 설정, 정답-오답 구성, 채점 기준까지 모든 출제 과정에 방향성을 부여합니다.

목표 난이도와 문항 유형의 밸런스를 조율한다

출제를 하다 보면 문항들이 전반적으로 너무 쉬워지거나, 반대로 지나치게 어렵게 되는 경우가 있어요. 이를 막기 위해서는 목표 평균 점수 설정과 문항 난이도 분포 조절이 필요합니다.

문항 난이도	예시 비율(중간/기말 기준)
쉬움(기본 개념)	30%
보통(적용·사례 중심)	50%
어려움(융합·추론 중심)	20%

■ 주의할 점

너무 쉬운 시험지는 학생의 의욕과 동기를 꺾고, 너무 어려운 시험지는 수업의 신뢰도를 떨어뜨립니다. 문항 개수보다 문항 간 균형이 중요합니다.

출제 전 체크할 것들

- **성취 기준 연계 점검**

    → 단원에서 무엇을 '가르쳤는가'가 아니라, '무엇을 성취해야 하는가'를 중심으로 문항을 설계해야 합니다.

- **영역별 문항 분배 계획**

    → 한 시험지 내에서 특정 영역(개념 정의, 예시 적용, 사고력 문항 등)이 과도하게 쏠리지 않도록 분배 계획을 세워야 합니다.

    ☞ 예시: 국어과 – 정보 파악 2문항, 추론 2문항, 표현 평가 1문항

• 예시: 출제 전 의도 설정 정리

항목	예시
단원명	생태계의 구성과 에너지 흐름
성취 기준	생태계의 에너지 흐름을 설명하고, 생물 간 상호작용을 탐색한다
평가 목표	개념 정리+생태 피라미드 분석 능력
예상 난이도 분포	쉬움 3문항/중간 5문항/어려움 2문항
평가 방식	객관식 7문항/서술형 3문항
문항 반영 수업	먹이사슬 구성 활동/모둠 토론

- **출제 형식의 타당성 확인**

    → 객관식이 적절한지, 서술형이 더 효과적인지, 수행 평가로 전환하는 것이 나은지는 평가 의도와 형식의 일치 여부로 판단해야 합니다.

마무리 Tip

좋은 출제는 시험 직전이 아니라,
수업이 시작되는 순간부터 준비됩니다.
학생의 배움을 끝까지 책임지는 교사라면,
평가도 수업만큼 고민해야 하지요.

"내가 이 시험에서 진짜 묻고 싶은 건 무엇인가?"

바로 이 질문에서 출제가 시작됩니다.

출제 계획표와 이원 분류표 작성하기
계획표를 만들면 출제가 선명해진다

시험지를 만들다 보면 문항이 특정 단원에 몰리거나, 특별한 유형으로 치우치는 경우가 종종 있습니다.

"생각보다 다양하게 낼 게 없더라고요."
"출제하고 나서야 빠진 단원을 깨달았어요."

이런 경험을 한 교사라면, 출제 전 계획표부터 짜는 습관이 필요합니다. 출제 계획표와 이원 분류표[2]는 단지 형식적인 양식이 아닙니다.

---

2 요즘은 출제 공통 양식으로 문항 정보표 양식을 사용하는데, 이 표의 뿌리가 되는 것이 이원 분류표라고 할 수 있습니다.

이 두 가지를 활용하면 무엇을 묻고자 하는지, 그 문항이 성취 기준과 얼마나 연결되어 있는지, 형식과 난이도의 균형은 적절한지 점검할 수 있습니다.

출제 계획표부터 만든다

출제 계획표는 말 그대로 어떤 단원에서 몇 문제를 낼 것인지, 어떤 유형으로 낼 것인지를 미리 설계하는 표예요.

단원	문항 수	문항 유형	비고
1. 생태계의 구성	3	객관식 2, 서술형 1	개념 확인 중심
2. 에너지 흐름	4	객관식 2, 서술형 2	적용, 분석 포함
3. 생물 간 상호작용	3	객관식 1, 서술형 2	사례 기반 사고력 평가

이 표를 작성하면서 어느 단원에 무게를 둘 것인지, 서술형은 몇 개 정도가 적당한지, 난이도 분포는 어떤지 등등 출제의 윤곽을 잡을 수 있습니다.

다음은 어느 공식 출제에서 사용했던 출제 계획표 예시입니다.

-창의력·문제 해결력 신장을 위한-
중3 ○○평가 출제 계획표

과목명: (　　　　)교과　　　　　　평가위원:　　　　　　(인)
출제위원:　　　　　　　　　　　　　　　　　　　　　　(인)

구분	문항번호	출제 영역(단원명)	출제 의도	출제위원
출제 영역 및 문항 수	1	듣기 평가 (광고, 강연)	광고 방송과 강연을 듣고 내용 비판하기	이 ○ ○
	2	듣기 평가 (뉴스)	뉴스의 출처 및 내용을 종합해 신뢰성 평가하기	이 ○ ○
	3	듣기 평가 (토론)	의견과 근거를 비교하여 타당성 판단하기	이 ○ ○
	4	듣기 평가 (발표)	설득이나 내용 전달을 목표로 한 말하기의 목적 파악하기	이 ○ ○
	5	듣기 평가 (토론)	토론 자료를 보고 주장과 근거의 관계 파악하기	이 ○ ○
	6	듣기 평가 (기타)	발화 의도에 따라 표현이 어떻게 달라지는지 이해하기	이 ○ ○
	7	듣기 평가 (기타)	토론의 절차에 맞는 발화 방식 이해하기	윤 ○ ○
	8	쓰기(절차)	자료 수집과 절차를 고려하여 글쓰기 계획 세우기	김 ○ ○
	9	쓰기(내용)	주장과 근거의 관계에 따라 내용을 구성하기	김 ○ ○
	10	쓰기(표현)	표현상의 적절성 고려하여 글 다듬기	김 ○ ○
	11	쓰기(기타)	쓰기 상황을 고려하여 글의 형식과 표현 선택하기	김 ○ ○
	12	쓰기(기타)	글을 짜임에 맞게 구성하여 전체 흐름 파악하기	최 ○ ○
	13	읽기(시)	시의 중심 생각을 파악하고 감상하기	최 ○ ○
	14	읽기(시)	시의 표현상 특징 이해하기	최 ○ ○
	15	읽기(소설)	소설의 등장인물의 성격과 사건 전개 파악하기	박 ○ ○
	16	읽기(소설)	소설의 단락 간 관계 파악하기	박 ○ ○
	17	읽기(소설)	소설의 주제 및 주제 표현 방식 이해하기	박 ○ ○
	18	읽기(설명)	설명문의 중심 내용 및 설명 방법 파악하기	윤 ○ ○
	19	읽기(설명)	설명문의 자료 제시 방식과 표현 이해하기	윤 ○ ○
	20	읽기(기타)	자료의 목적과 요지를 파악하고 핵심 내용 추출하기	윤 ○ ○
	21	문법(어휘)	낱말의 뜻과 쓰임 이해하기	김 ○ ○
	22	문법(문장)	문장의 짜임과 문장 성분 이해하기	김 ○ ○
	23	문법(기타)	언어의 특성과 기능 이해하기	박 ○ ○
	24	문학(시)	시의 내용과 표현 이해하기	최 ○ ○
	25	문학(소설)	소설의 내용과 배경 이해하기	박 ○ ○
	26	문학(소설)	소설의 인물과 사건 이해하기	박 ○ ○
	27	문학(기타)	문학의 주제와 감상 표현하기	윤 ○ ○
	28	문학(기타)	문학의 상징적 표현 이해하기	윤 ○ ○
	29	기타(자유문항)	자기주도적 학습을 돕는 문제	최 ○ ○
	30	기타(자유문항)	교과서 내용을 다른 시각에서 이해하기	최 ○ ○

난이도	난이도(정답률)					
	80% 이상	60~79%	40~59%	20~39%	20% 미만	계
	5	10	10	2	3	30문항

유형별 문항수	문항 유형							
	듣기·말하기	쓰기	읽기	단일교과형	통합교과형	주관식	신유형	계
	5	3	22					30문항

특기사항	

* 팀별로 소요 문항의 2배수 문항을 출제함.
* 개인별로 신경향의 참신하고 독창적인 문항을 30% 정도 개발하여 출제함.

▪ **실전 팁**

출제 계획표는 '점검용 도구'이자 '의도 정리 도구'입니다.

전체 흐름을 정리한 후에는 이 계획표대로 출제하지 않더라도 출제 방향을 선명하게 잡는 효과가 큽니다.

블룸의 분류 기준을 활용한 이원 분류표

이원 분류표는 내용과 사고 수준을 함께 정리하는 도구예요. 이 표를 작성하면, 단순히 '몇 문제를 어디서 내야지'를 넘어서서 '무슨 사고를 어떻게 측정할 것인가'까지 구체화할 수 있습니다.

내용 요소 \ 행동 요소	지식	이해	적용	분석	종합	평가	계
1. 생태계 구성	1	1					2
2. 에너지 흐름		1	1	1			3
3. 생물 상호작용			1	1		1	3
계	1	2	2	2		1	8

내용 요소는 시험 문제가 측정하고자 하는 내용으로 검사 내용을 나타내 각 문항의 내용이 되며, 이는 시험 문제 출제의 매우 중요한 부분이 됩니다. 행동 요소는 각 문항의 내용을 측정할 때 어느 단계의

인지 능력 수준을 측정할 것인지를 나타냅니다. 이원 분류표의 행동 요소는 인지적 영역의 측정인 경우, 교육학자 벤저민 블룸(Benjamin Bloom)이 수행한 인지적 영역의 교육 목표 분류학에 근거합니다. 노먼 그론룬드(Norman Gronlund)는 인지적 영역의 측정 목표 분류에 따른 지시어를 다음과 같이 제시했지요. (*출처: 성태제,『현대 교육 평가』 3판, 2010, 학지사)

- Gronlund의 교육 목표 분류에 따른 지시어

목표 분류	학습 결과 측정을 위한 지시어
지식	확인하라, 명명하라, 규정하라, 설명하라, 열거하라, 연결하라, 선택하라, 약술하라
이해	분류하라, 설명하라, 변환하라, 예측하라, 구별하라
적용	증명하라, 계산하라, 풀어라, 수정하라, 재배열하라, 조직하라, 관계지어라
분석	차별하라, 도식화하라, 추정하라, 분리하라, 추론하라, 구성하라, 세분화하라
종합	종합하라, 창안하라, 고안하라, 설계하라, 합성하라, 구조화하라, 재배열하라, 개정하라
평가	판단하라, 비판하라, 비교하라, 정당화하라, 결론지어라, 판별하라, 지지하라

이 내용을 적용해 실제로 영어 시험 출제를 위해 작성한 이원 분류표는 다음과 같습니다.

• M중학교 1학년 영어 검사를 위한 이원 분류표

내용 소 \ 행동 소	지식	이해	적용	분석	종합	평가	문항 수
1. 강세 위치	1						1
2. 발음과 철자	1						1
3. 억양			1				1
4. be동사 의문문		1			1		2
5. Who 의문사					1		1
6. What 의문사와 용법					1		1
7. 선택의문문				1	1		2
8. 부정관사 a, an의 용법	1		1				2
9. 국적의 표현			1				1
10. this, that의 형용사 용법과 대명사 용법		1	1				3
문항 수	3	2	4	1	4	1	15

교과 특성이나 검사 목적상 다소 상이한 지적 기능을 측정하는 경우가 있습니다. 그 예로 다음과 같은 대학 수학 능력 시험의 이원 분류표를 들 수 있지요.

• 과학 탐구 영역 공통과학의 이원 분류표

행동 내용	문제 인식 및 가설 설정	탐구 설계 및 수행	자료 분석 및 해석	결론 도출 및 평가	계
과학의 탐구	1				1
물질	1	1	2	1	5
에너지	1	1	1	1	4
힘	1	1	1	2	5
생명	1	1	2	2	6
지구	1	1	2	2	6
환경	1	1	1	1	4
현대 과학과 기술			1		1
계	7	6	10	9	32

■ 이원 분류표가 중요한 이유

이원 분류표를 작성하게 되면 검사 내용을 조절할 수 있을 뿐 아니라 의도하는 수준의 지적 기능을 측정하는 문항 출제 계획을 세울 수 있습니다. 또한 문항이 '이해' 수준에 몰려 있지는 않은지, '기억'형 문항이 과도하게 많지는 않은지 확인할 수 있어요.

이원 분류표는 시험 문제를 출제하기 위한 청사진으로서 매우 중요한 의미를 지니며, 좋은 문항 출제의 기본이 됩니다.

■ **실전 팁**

출제 계획표와 이원 분류표를 꼭 다 작성해야 할까요?

출제 계획표와 이원 분류표를 보면 크게 다르지 않음을 알 수 있어요. 그래서 보통은 둘 중 편하게 생각되는 하나를 작성하면 됩니다.

출제 계획표는 문항에 대해 보다 상세하게 작성할 수 있으며, 출제 문항의 구체적인 목표가 기술되므로 문항 출제에 대한 감을 더 구체적으로 잡을 수 있는 장점이 있어요. 반면 행동소 부분에 대한 기술이 분명치 않고, 그 내용이 한눈에 들어오지 않는 단점이 있습니다.

이원 분류표는 출제 계획표보다 간략하게 내용을 작성할 수 있고 한눈에 내용소와 행동소를 파악할 수 있는 장점이 있는 반면에 구체적인 출제 문제가 바로 감이 오지 않는 단점을 가지고 있지요.

마무리 Tip

출제는 기술 이전에 '설계'입니다.

수업을 계획하듯, 출제도 설계도가 필요합니다.

출제 계획표와 이원 분류표를 작성하면

문항 제작이 수월해지고, 평가의 질도 달라집니다.

문항 하나씩 출제하기
좋은 문항은 교사의 말이 정제된 문장으로 나타난 결과

　이제 출제 계획표도 세웠고, 이원 분류표를 통해 문항 배분도 해 봤습니다. 이제부터는 본격적으로 문항을 한 문제씩 출제해 보는 시간입니다. 이미 구체적으로 문항을 어떻게 작성하고 다듬어야 하는지는 충분히 배웠습니다. 다만 실제로 적용을 하려다 보면 여전히 막막함을 느낄 겁니다.

　여기에서는 보다 구체적으로 적용할 수 있는 팁 위주로 내용을 제시했습니다.

수업 시작=출제 시작: 수업 속 문항의 단서 포착으로

좋은 문항은 갑자기 떠오르는 걸까요? 개인마다 능력 차이가 있기는 하지만, 대체로 수업 중에 아이디어가 떠오를 때가 많습니다. 많은 '좋은 문항'은 이미 수업 안에 존재하지요.

수업 속에서 문항의 단서를 포착하세요.

수업 중 학생들이 자주 헷갈려 하는 개념, 비슷한 개념을 혼동하는 반응, 질문을 듣고 의외의 오개념을 드러내는 순간……. 이 모든 장면이 훌륭한 문항의 단서가 됩니다.

예를 들어, 수업 중 학생이 "어? 인권이랑 기본권은 같은 말 아니에요?"라고 묻는 순간, 그것은 '인권과 기본권의 개념 구분'을 묻는 문항의 문두가 될 수 있지요. 따라서 수업 중 학생의 반응을 메모하거나 수업 일지에 체크해 두는 습관을 들이면, 나중에 출제할 때 수업과 맞닿은, 실제 학생 수준에 적합한 문제를 구성할 수 있습니다.

선택형 문항: 문두부터 오답지까지 꼼꼼하게

선택형 문항에서 어떤 유형의 문항으로 할 것인지는 매우 중요한 요소입니다. 선택형 문항의 유형과 특징이 다 기억나나요? 잘 이해가 가지 않는다면 앞 부분으로 돌아가 복습해 주세요.

▸ 진위형: 참과 거짓을 구분하는 문제. 하나의 문장에는 하나의 사실만 묻고, 논란의 여지가 있는 내용은 피한다. 교과서 문장을 그대로 베끼는 것은 좋지 않다.
▸ 연결형: 두 개 이상의 항목 간 관련성을 파악하여 짝지어 응답하는 형태의 문항. 문제군과 답지군은 동질성을 유지하는 것이 중요하다. 논리적 기준을 따른 순서로 배열했다.
▸ 배열형: 어떤 사건이나 개념, 절차의 순서를 올바르게 이해하고 있는지를 평가하는 문항. 역사적 사건, 실험 절차, 글의 전개 방식 등 순서와 절차가 중요한 내용이다.
▸ 선다형: 하나의 문두에 대해 둘 이상의 선택지를 제시하고, 그중 하나 또는 복수의 정답을 고르는 선택형 문항의 한 유형. 선택형의 가장 대표적인 유형이다.

선택형 문항은 '문두'와 '답지'로 구성됩니다. 답지에는 정답지와 오답지가 있지요. 각각 작성할 때 주의할 점 중 대표적인 것만 복습합니다.

▸ 문두(질문): 간결하고 명확하게 작성한다. 어떤 사고를 유도할 것인가?
▸ 정답지: 정확하고, 모호하지 않게 작성한다. 성취 기준을 반영해

야 한다.
- ▸ 오답지: 정답과 오답이 모두 그럴듯해 보여야 한다. 학생의 오개념이나 흔한 실수를 반영한다. 명확히 정답과 구분되는 오답임을 알 수 있어야 한다. (일부 오답이거나 오답일 가능성이 크다거나 하면 안 된다.)

■ **서술형·논술형 문항 출제하기**
- ▸ 서술형 문항: 사고의 흐름을 묻는 문항
→ 서술형 문항은 구체적인 사실을 체계적으로 기술하게 하는 데 효과적입니다. 단순 암기형이 아닌, 사고 과정과 근거 제시 능력을 확인하고자 할 때 유용해요.
- ▸ 논술형 문항: 사고의 깊이와 구조를 평가하는 문항
→ 논술형 문항은 특정 주제에 대해 자신의 입장을 제시하고 논리적으로 근거를 펼칠 수 있는지를 평가할 때 유용합니다. 채점할 때 어려움이 존재하지요.

우리나라의 현실상 논술형 문항은 실제로 거의 출제되지 않으며, 서술형 문항도 학생들이 직접 사고하고 자신의 문장으로 서술하는 경우는 거의 없습니다. 단순하게 지식을 나열하게 하거나, '원인' '근거' 등을 묻는 문항에 그치고 있지요. 안타까운 현실입니다. 앞으로

교육 현장의 패러다임이 변화하여 서술형·논술형 평가가 크게 바뀌는 계기가 있었으면 좋겠습니다.

▪ 서술형·논술형 문항 출제 시 유의할 점

서술형·논술형 평가 문항은 '출제'보다 '채점'이 어려운 경우가 많습니다. 좋은 서술형·논술형 문항은 학생의 사고 과정을 유도하고, 문항의 질문이 명확하고 구체적이어야 하며, 적정 분량과 응답 시간 안에서 답할 수 있어야 합니다. 그런데 그보다 먼저 채점 기준이 명확해야 합니다.

이를 위해 채점 기준표를 만들고, 두 항목 사이에 애매한 내용이 끼어들 수 없도록 명확한 기준을 설계해 둘 필요가 있어요. 물론 학생들은 기상천외한 답안을 작성하기 때문에 채점 과정에서 공동 채점을 통해 수정, 보완한 채점 기준을 만들 필요가 있습니다.

▪ 메모

▸ 어떤 사고를 유도하고 싶은가?

▸ 수업과 얼마나 연결되어 있는가?

▸ 채점 기준을 명확히 세울 수 있는가?

출제 Q&A

- **Q: 기존에 나온 문제를 피하기가 쉽지 않아요. 좋은 방법이 없나요?**

    A: 기존 문제란 예년에 출제되었던 문항과 시중의 참고서나 문제집에서 볼 수 있는 문항을 말합니다. 사전에 기출 문제를 보지 않기를 추천하고, 자신만의 창의적인 문항을 출제하길 바랍니다. 기존 문제를 피하기 위해 기존에 나와 있는 내용과 전혀 다른 문제를 출제할 필요는 없습니다. 다만 보기가 너무 비슷하다거나 질문이 완전히 일치한다거나 하는 일 등은 피해야 합니다.

- **Q: 왜 부정형 문항으로 출제하면 좋지 않나요?**

    A: 교육적 효과 문제와 함께 학생이 부주의로 질문을 잘못 파악할 가능성이 크기 때문입니다. 또한 부정형 문항은 정답이 하나이기 때문에 기존 문제와 같거나 비슷한 문항이 출제될 가능성이 큽니다. 긍정형 문항은 문항 출제 시간이 더 많이 걸리지만, 더 가치 있고 좋은 문항이 될 가능성이 있습니다.

- **Q: 문두의 질문이 자꾸 길어지는데, 짧게 쓰는 특별한 방법이 있나요?**

    A: ① 문두의 내용 중 특정한 내용에 대한 서술이 길어질 경우에 〈보기〉로 돌립니다.

→ 문두의 내용 중에 〈보기〉로 뽑을 만한 내용이 없는지 항상 생각해 봅니다. 〈보기〉를 활용하면 문제는 훨씬 깔끔해지는 경우가 많습니다.

② 문두 중에 필요 없는 말을 삭제합니다.

→ 일단 질문을 만든 후에 이 질문에서 필요 없는 말을 삭제해 봅니다.

③ 문두의 순서를 바꾸어 봅니다.

→ 도저히 〈보기〉로 뽑거나 생략할 수 없는 말일 경우라도 문장의 순서를 뒤집어 보면 문두가 짧아질 경우가 있습니다.

- **Q: 오답을 만들기가 너무 힘이 듭니다. 좋은 방법이 없나요?**

    A: 오답 답지를 만드는 요령은 의외로 간단합니다. 매력적인 오답은 하나면 됩니다. 둘 정도 있으면 더 좋지만, 그러면 난이도가 더 높아질 수 있습니다. 매력적인 오답은 학생이 잘못 알기 쉬운 것을 오답으로 정합니다. 즉, 공부하지 않으면 그것을 오답이라고 생각하기 쉬운 것으로 정한다는 것이지요. 나머지는 적당히 길이와 형식에 맞게 창작하면 됩니다.

- **Q: 문항이 자꾸 한 페이지에 담기지 않고 다음 페이지로 넘어갑니다. 좋은 방법이 없을까요?**

A: 특히 지문을 활용하는 국어와 영어, 도표나 그림을 활용하는 도덕, 사회, 과학 등에서 이런 문제가 자주 발생합니다. 이럴 경우 가장 쉬운 방법은 문항의 번호를 고집하지 않는 것입니다. 문항의 길이에 따라 문항을 이리저리 옮겨 보 면 잘리지 않고 한 페이지에 문항 요소들을 다 담을 수 있습니다.

마무리 Tip

문항을 잘 만든다는 것은 단지 '틀리게 하기 위한 기술'이 아니라,
학생이 무엇을 알고 있고,
어디서 오개념이 발생했는가를 정확히 짚는 교사의 설계 능력입니다.
처음엔 어렵지만, 한 문제 한 문제 만들어 가는 과정이
결국 교사의 수업과 평가 역량을 함께 성장시킬 수 있겠지요.

문항 검토와 편집, 마지막 다듬기
문항은 '작성'보다 '검토'가 더 중요할 수 있다

문제를 다 출제하고 나면 안도의 한숨이 나옵니다. 하지만 진짜 중요한 일은 바로 그다음입니다.

좋은 문항은 검토와 편집을 거치면서 '더 좋아지기 때문'입니다. 시험지 한 장을 학생에게 건넨다는 것은 그 시험지 속에 담긴 '평가자의 눈'을 함께 건네는 일이기도 합니다. 그렇다면 그 문항들은 과연 공정하고 명확하며 수업을 반영하고 있을까요?

이제 그것을 점검할 차례입니다.

문항 오류 점검하기

아무리 좋은 문항도, 작은 오류 하나로 혼란을 줄 수 있습니다.
다음 항목들을 한 번씩 체크해 봅시다.

- 문장의 문법이나 맞춤법 오류는 없는가?
- 학생이 지문이나 문두의 의도를 정확히 이해할 수 있는가?
- 문항이 성취 기준을 충실히 반영하고 있는가?
- 오답지가 너무 명백하거나, 정답이 너무 드러나진 않았는가?
- 너무 어려운 어휘, 불필요하게 복잡한 구조는 없는가?

문항 오류는 그 어떤 이유에서건 불공정한 일입니다.
출제자의 실수로 학생이 오답을 고르게 만드는 일은 피해야 합니다.

보기와 정답, 오답지의 완성도 점검하기

특히 객관식 문항이라면 다음 사항을 확인해 보세요.

점검 항목	체크
정답이 너무 튀지 않는가?	☐
오답지에 의미 있는 오개념이 반영되어 있는가?	☐
모든 보기가 문법상·구조상 유사한 형태를 이루는가?	☐
부사어(항상, 전혀, 절대 등)가 오답 추리에 영향을 주지 않는가?	☐
단 하나의 정답만 명확하게 존재하는가?	☐

→ 오답지도 학습의 기회입니다. 헷갈리는 오답을 통해 학생이 자신의 이해 수준을 점검할 수 있어야 합니다.

시험지 편집은 실수를 줄이는 기술

문제 출제만큼 중요한 것이 바로 시험지 편집입니다.

시험지의 편집 실수는 학생의 혼란을 낳고, 때론 항의나 공정성 논란으로 이어질 수 있습니다.

다음 사항을 점검해 보세요.

- ▸ 문항 번호는 연속적으로 정렬되어 있는가?
- ▸ 객관식 문항과 보기가 같은 페이지에 배치되어 있는가?
- ▸ 지문과 관련 문항이 분리되지 않도록 구성되어 있는가?

▶ 답안을 적는 칸이나 작성 지시문이 충분히 명확한가?
▶ 폰트와 정렬이 통일되어 있는가?

실제 현장에서는 시험지 한 쪽을 줄이기 위해 문항이 잘려서 다음 면에 넘어가는 경우가 많습니다. 이럴 경우 문항을 착각하여 잘못 풀거나, 학생이 중간 번호를 건너뛰는 실수가 발생할 수 있습니다. 불가피하다면 반드시 안내 문구나 '(문항 계속)' 표기가 필요합니다.

채점 전, 동료 교사에게 '미리 보여 주기'

시험지를 1차로 완성한 후, 반드시 다른 교사의 눈으로 검토를 받아 보는 것이 좋습니다. 우리는 동료 평가, 혹은 건설적인 토의와 토론 등에 상당히 수줍어합니다. 조금만 야박한 평가를 받아도 자신에게 큰 문제가 있는 것 같고, 좋은 의견을 준 동료 교사에게 괜히 섭섭한 느낌을 받는 경우도 생기고요.

실제로 시험 출제 회의에 가 보면, 얼굴을 붉히며 자신의 고집을 꺾지 않으려는 교사들을 보곤 합니다. 특히나 나이가 있거나 조금 더 영향력이 큰 교사일수록 문제가 심각하지요. 결국 경력 교사의 의견을 꺾지 못하고 문항지가 배포되는 경우가 있습니다.

내부 평가에서 조금이라도 논란이 있었던 문항은 '백이면 백' 문제가 됩니다. 누군가에게 이상하게 보인다는 것은 미묘하지만 어떤 부분에서 확인해야 할 필요가 있기 때문입니다. 그러니 다음과 같은 수정 피드백을 받으면, 미련 없이 문항을 고치길 바랍니다.

"이 문제는 조금 애매한데?"
"이거 수업 시간에 안 다루지 않았어?"

이런 피드백 하나가 시험의 완성도를 결정짓기도 합니다.
그러니 동학년 교사와 교차 검토를 해 보세요. 검토는 부담이지만, 그만큼 실수를 줄이고 신뢰도를 높이는 지름길입니다.

마무리 Tip

시험 문제는 '내가 보기엔 괜찮군.' 해서 끝나는 게 아닙니다.
학생 입장에서, 교차 채점의 입장에서, 수업 흐름의 입장에서 한 번 더 보는 것,
그것이 검토와 편집의 힘입니다.
문항 하나를 다듬는 시간은,
학생의 혼란을 줄이고 수업의 신뢰를 높이는 투자입니다.

10장

실제 평가 문항의 검토와 수정

"기회가 된다면 평가 문항 출제 경험을 꼭 해 보기를 권한다.
평생 오래 남을 기억이 될 것이다."

이제부터는 실제로 출제된 평가 문항을 놓고 그 문항을 지금까지 배웠던 지식을 바탕으로 검토하는 연습을 실행합니다. 여러분은 지금부터 공식 평가 문항 검토 위원이 되어 출제 위원들이 몇 날 며칠, 혹은 근 한 달이 걸려 출제한 문항을 검토하게 되었습니다. 제시한 10개 문제를 풀어 보고, 지금까지 배운 이론을 바탕으로 검토해 의견을 적어 내고, 동료들과 함께 토론하세요. 검토 의견은 절대적이지 않으니, 서로 의견을 나누는 기회가 되기를 바랍니다.

평가 문항 1

다음은 실제로 어느 중학교에서 출제된 '가정' 과목 문제입니다. 이 문항이 좋은 문항인지 그렇지 않은지에 대해 선생님의 의견을 말해 보세요.

---

19. 어느 식당 메뉴이다. 음식을 통하여 다음과 같이 섭취하였을 때 얻을 수 있는 에너지는 몇 kcal인가?

[한정식]
밥 180g, 소고기 40g, 달걀 10g, 고사리 10g, 도라지 10g, 당근 10g, 감자 10g, 들기름 25g

① 1000　　② 1140
③ 1185　　④ 1250
⑤ 1355

▪ 해설을 보기 전에 조금만 더 생각해 보세요.

해설 1

이 문항은 '지식, 이해, 적용' 중 어느 영역에 해당하는 문항일까요? 당연히 '지식'이겠죠. '각 음식의 칼로리'에 대한 지식을 학생이 알고 있어야 한다는 의미에서 출제한 것입니다.

그런데 그전에 한번 생각해 봐야 하는 것이 있습니다. 가정 선생님이 아닌 일반인이 이 문제를 쉽게 풀 수 있을까요? 혹은 이 문항이 보통의 교육을 받은 어른이라면 누구나 알아야 할 중요한 상식에 해당할까요?

평가에서 우리는 지나치게 높은 수준의 지식을 요구하는 경향이 있습니다. 그러다 보니 학생들도 시험을 위해서만 반짝 외우고는 평생 잊어버리고 살지요. 그런 평가가 얼마나 큰 의미가 있을까요?

사실 이런 지식은 인터넷에 찾아보면 금방 답을 찾을 수 있어요. 그런데 지금 AI에게 물어보니, 답이 없다고 하네요.

> **정답: 없음**
>
> 662kcal는 보기 중 어디에도 포함되지 않습니다. 따라서 출제 오류 가능성이 크며, **보기와 맞지 않는 잘못된 문항입니다.**

왜 우리는 학생에게 이런 지식을 굳이 외우라고 할까요? 앞으로 학생이 살아갈 미래 시대에 이런 단편적인 지식을 외우는 것이 큰 가치가 있을까요?

평가를 위한 평가, 학생을 줄 세우기 위해 어렵게만 내는 평가 문항에 대해서 교사는 다시 한번 생각해 볼 필요가 있습니다.

평가 문항 2

다음 문항들은 어떤 문제점이 있는지 찾아보세요.

---

11. 의복의 기능 중 생리적 기능에 해당하는 것은?

① 자신의 개성을 표현하기 위해 입음
② 직업이나 신분을 나타내기 위해 입음.
③ 심리적 만족감을 증진시키기 위해 입음
④ 위험한 환경으로부터 신체를 보호하기 위해 입음.
⑤ 타인에 대한 배려 및 예의를 나타내기 위해 입음.

---

9. 공감하며 대화하기의 방법이 <u>아닌</u> 것은?

① 상대방의 문제를 직접 지적한다.
② 공감을 형성할 수 있는 자신의 경험을 공유한다.
③ '그래?', '정말?' 등의 말로 상대방에게 맞장구친다.
④ 상대방의 생각과 감정을 파악하고 자신의 말로 재진술한다.
⑤ 눈맞춤, 고개 끄덕임 등으로 상대방 말에 집중하며 반응한다.

▪ 해설을 보기 전에 조금만 더 생각해 보세요.

해설 2

　이 문제들은 소위 말하는 '정답이 깃발 들고 있는 문제들'이에요. 왜 그런지 한번 볼까요?
　위의 11번 문제는 '생리'라는 단어의 뜻만 알면 풀 수 있는 문제입니다.

　생리: 생활하는 습성이나 본능
　① 개성
　② 직업이나 신분
　③ 만족감
　④ 신체 보호
　⑤ 예의

　이 문제의 답을 틀리는 학생은 몇 명이나 될까요?
　위의 9번 문제 또한 '공감'이라는 단어만 알면 풀 수 있는 문제입니다. 물론 국어 문제이니 어느 정도 일리가 있기는 합니다만, 과연 이 문제를 틀리려면 몇 학년까지 내려가야 할까요?
　게다가 문제를 풀지 않아도 부정적인 뜻을 포함한 내용으로 유추해서 답을 맞힐 수 있습니다.

'① 상대방의 문제를 직접 지적한다.'만 부정적인 대화의 방법이 제시되어 있으므로 학생은 읽어 보기만 하면 바로 답을 맞힐 수 있지요.

사실 학교 시험 문제에 이보다 더한 문제가 너무도 많습니다만, 그래도 조금 생각해 볼 만한 문항을 가지고 왔습니다. 정말 창피할 정도로 아무나 맞힐 수 있는 문항이 사실 지금도 많이 출제되고 있어요.

쉬운 문제가 무슨 문제가 되느냐고 반문할 선생님들도 있을 겁니다.

그런 교사들에게 묻고 싶습니다.

"수업은 어떤 수준으로 하고 있나요?"

평가 문항 3

다음 문제는 좋은 문항인가요? 왜 그렇게 생각하는지 의견을 나누어 보세요.

---

2. 원유 유출 사고에 관한 신문 기사이다. 유출된 기름이 화살표 방향으로 빠르게 확산된 이유는?

2007년 12월 7일 아침 충남 앞바다에서 선박 충돌 사고가 발생하여 원유가 유출되었다. 유출된 기름은 바람과 조류를 타고 주변 지역으로 빠르게 확산되고 있다.

① 수심이 깊기 때문에
② 해안선이 단조롭기 때문에
③ 강수량이 매우 적기 때문에
④ 기온의 연교차가 크기 때문에
⑤ 북서 계절풍의 영향을 받기 때문에

▪ 해설을 보기 전에 조금만 더 생각해 보세요.

해설 3

이 문제는 '평가라는 것을 왜 하고, 평가의 방향이 어떠해야 하는가'에 대해 생각하기 위해 가져온 문항입니다.

깔끔하게 출제된 모범적인 문항이죠? 이 문제를 풀기 위해서는 지리와 관련한 지식도 필요하지만, 사실에 대한 분석력과 원인을 찾기 위한 탐구 능력 등이 필요한 문항입니다. 그리고 실제 일어난 사실에 기반해 출제했기에 현실과의 관련성도 높고, 관심도도 증가되겠지요? 게다가 이 문제의 정답은 인터넷 검색으로도 쉽게 찾을 수 없습니다. 그럼에도 정답을 찾기는 어렵지 않습니다.

모든 문항을 이와 같이 출제한다는 것은 사실상 불가능한 일입니다. 시간도 없고, 엄청난 수고로움이 동반되니까요. 하지만 적어도 이런 문항 출제를 위해 노력하는 모습은 지녀야 하지 않을까요?

평가 문항 4

다음 문항은 좋은 문항일까요, 아닐까요? 그렇게 생각하는 이유와 근거를 이야기해 볼까요?

---

13. 다음은 역사 수업에서 이루어진 교사와 학생의 대화이다. 학생의 답변으로 적절한 것을 <보기>에서 모두 고르시오.

교사 : 이전 수업에서 그리스 세계의 흥망성쇠를 다루었는데요. 어떤 내용이 기억나나요?
학생 : 펠로폰네소스 전쟁이 중요한 사건이었습니다.
교사 : 맞습니다. 그럼 펠로폰네소스 전쟁의 전개 과정과 결과에 대해 말해볼까요?
학생 : _____

<보기>
ㄱ. 살라미스 해전에서 페르시아를 물리쳤어요.
ㄴ. 지중해의 주도권을 차지하기 위해 세 번의 전쟁이 벌어졌어요.
ㄷ. 아테네의 영향력 확대를 견제하기 위한 전쟁이었어요.
ㄹ. 펠로폰네소스 동맹을 주도한 스파르타가 승리를 거두었어요.
ㅁ. 전쟁 이후 폴리스의 세력이 약화되어 마케도니아의 지배를 받게 되었어요.

① ㄱ, ㄴ ② ㄷ, ㄹ
③ ㄷ, ㅁ ④ ㄱ, ㄴ, ㅁ
⑤ ㄷ, ㄹ, ㅁ

- 해설을 보기 전에 조금만 더 생각해 보세요.

해설 4

얼핏 보기에 이 문제는 수능형의 복합성을 지닌 좋은 문항인 듯 보입니다. 하지만 속을 들여다보면 꼭 그렇지만은 않아요. 복잡하다고 해서 무조건 고난도의 좋은 문항이 아닙니다. 구조적으로 훌륭한 형태를 지녀야 고난도의 문항이 될 수 있습니다.

사실 이 문제는 다음 문항과 같은 문항입니다.

☞ 펠로폰네소스 전쟁에 대한 설명으로 옳은 것을 〈보기〉에서 모두 고른 것은?

자, 그렇다면 아랫부분은 이 문항에서 왜 필요한 걸까요? 학생은 이 부분을 왜 읽어야 할까요?

```
교사 : 이전 수업에서 그리스 세계의 흥망성쇠를 다루었
       는데요. 어떤 내용이 기억나나요?
학생 : 펠로폰네소스 전쟁이 중요한 사건이었습니다.
교사 : 맞습니다. 그럼 펠로폰네소스 전쟁의 전개 과정과
       결과에 대해 말해볼까요?
학생 : _____
```

학생은 이 내용을 전혀 읽을 필요가 없습니다. 문항을 푸는 데 도움이 되는 것도 아니고 그저 배경 설명에 불과합니다. 순진하게 이 내용을 하나하나 다 읽는 학생은 시간 낭비를 할 수도 있습니다.

너무 허무하죠? 어쩌면 이런 결론에 동의하지 못하는 이들도 있을지 모르겠습니다. 역사 수업 시간과 연결해서 보다 생동감 있게 혹은 현실감 있는 문항을 출제하려고 한 노력이 있는 문항이 아닌가 생각할지도 모르겠어요.

하지만 본질적으로 이 문항은 지식을 평가하는 문항입니다. 현실과 연결하려 했지만 현실과 전혀 상관이 없는 문항이 된 것입니다.

평가 문항 5

다음 두 문항의 차이점에 대해 선생님의 생각을 이야기해 볼까요?

< A 문항 >

> 2. 아테네 민주 정치의 특징 2개는?
>
> ① 직접 민주 정치　② 보통 민주 정치
> ③ 평등 민주 정치　④ 간접 민주 정치
> ⑤ 제한 민주 정치

< B 문항 >

> 2. 다음 두 사람의 대화를 통해 알 수 있는 아테네 민주 정치의 특징 2개는? [3점]
>
> > 아이소포스 : 친구, 어서 민회로 가세.
> > 　　　　　　오늘 독재자 추방을 결정해야 한다더군.
> > 　　　　　　자네의 한 표가 중요해.
> > 하리스토파네스 : 아쉽게도 나는 갈 수 없네.
> > 　　　　　　나는 아직까지 외국인의 신분이라네.
> > 아이소포스 : 도대체 그게 무슨 문제가 된단 말인가?
> > 하리스토파네스 : 민회 앞 게시판을 보지 못했나?
> > 　　　　　　"시민 외 여자, 노예, 외국인 절대
> > 　　　　　　출입금지"라고 써 있단 말일세.
>
> ① 직접 민주 정치　② 보통 민주 정치
> ③ 평등 민주 정치　④ 간접 민주 정치
> ⑤ 제한 민주 정치

■ 해설을 보기 전에 조금만 더 생각해 보세요.

해설 5

두 문제는 질문 내용이 궁극적으로 같아요. 결국 측정하려는 내용이 같다는 것이지요. 하지만 질문의 형식은 다릅니다. 〈A 문항〉은 단순하게 지식의 암기 여부를 묻는 문항인데, 〈B 문항〉은 구체적인 사례를 통해 지식을 재구성하고 적용해 보는 문항이에요. 그러므로 조금 더 복합적인 문항이라 할 수 있지요. 더 좋은 문항이라고 생각합니다.

최근에는 지식의 단순한 암기 여부보다는 알고 있는 지식 또는 주어진 지식을 해석하고 응용하고 적용하는 방식을 더 중요하게 여깁니다. 그 이유는 일상생활에서 지식을 사용할 때, 단순하게 외운 지식보다는 알고 있거나 수집한 지식을 적용하는 것이 더 중요하기 때문이에요. 아울러 그런 능력이 뛰어난 사람이 더욱더 능력 있는 사람이라는 것이 각종 연구를 통해 밝혀지고 있습니다.

평가 문항 6

다음 문항의 출제 의도와 교육 방향에 대해 선생님의 생각을 이야기해 볼까요?

[18~20] 〈그대를 사랑해〉의 일부분인데 물음에 적당한 답을 골라 보시오.

(   ) 아 침 에 도 저 녁 에 도 서 -

18. 작곡자는? (3.0점)

① 헨델   ② 베토벤   ③ 모차르트
④ 슈베르트   ⑤ 요한 슈트라우스

19. 위 노래와 관련이 **없는** 것은? (4.6점)

① 바장조   ② 고전파   ③ 헤로세
④ 두 도막 형식   ⑤ 독일 예술가곡

20. ( ) 안에 들어갈 원어 가사는? (4.8점)

① Du meines Lebens Freude
② Am Abend und am Morgen
③ Wo du und ich nicht teilten
④ Ich liebe dich, so wie du mich
⑤ Ich weint'in deine Kummer mich

▪ 해설을 보기 전에 조금만 더 생각해 보세요.

해설 6

뜬금없이 출제 의도와 교육 방향에 대해 물어서 역시 답하기 힘들었나요? 하나하나 검토해 보도록 합시다.

먼저 각 문항의 문항 목표를 생각해 볼게요. 다음과 같이 정리할 수 있겠죠?

- 해당 노래의 작곡자에 대해 알고 있는가?
- 해당 노래에 대한 정확한 지식이 있는가?
- 해당 노래의 원어 가사를 외우고 있는가?

자, 그럼 이 문항의 출제 의도와 교육 방향을 한번 생각해 볼게요. 어떤 내용을 적었나요? 다음과 같이 정리가 될까요?

- 목표: 이 노래는 베토벤이 작곡한 〈그대를 사랑해〉라는 노래다. 작곡자가 누구인지를 아는 것이 꼭 필요하고, 악곡의 형식 등 이 노래에 대한 기본적인 지식을 알아야 한다. 또한 원어 가사를 정확히 알고 부를 수 있어야 한다.

자, 그럼 한번 생각해 봅시다.

먼저 이 문제를 출제한 선생님은 노래에 대한 지식을 묻는 문제로 3문항을 다 출제했어요. 이는 최근 출제 경향과는 다소 차이가 있지요. 단순하게 지식을 아는 것이 과연 음악을 즐기고 좋아하며, 음악을 이해하는 데 큰 도움이 될지 사실 의문이 들어요.

교육 평가는 **학습을 극대화하고 교육의 질을 향상**하는 데 목적이 있다고 했습니다. 그런데 이런 지식을 아는 게 물론 음악을 이해하는 데 필요하기는 하지요. 하지만 지나치게 지식 중심으로 가르쳐서 결국 음악이라는 것이 어렵고 멀게 느껴진다면, 결코 바람직한 교육이 이루어졌다고는 보기 힘들 거예요.

시험 문제를 단순하게 지식 위주로 출제하는 교사들이 있다면, 한 번쯤 방향을 틀어서 지식을 얼마나 이해하고 있는지, 그리고 그것을 우리의 실생활에 어떻게 적용할 수 있는지 생각해 보도록 유도할 필요가 있습니다.

평가 문항 7

다음 문항들의 문제점과 이런 결과가 생긴 이유에 관해 이야기해 볼까요?

---

22. ⓐ와 ⓔ에 들어갈 적당한 말은?
   ① what ② which ③ why ④ who ⑤ how

23. ⓑ에 들어갈 가장 적당한 말은?
   ① community ② countryside ③ Internet
   ④ school ⑤ family

24. ⓒ와 ⓓ에 들어갈 적당한 말은?
   ① what ② when ③ that ④ who ⑤ how

25. ⓕ에 들어갈 가장 적당한 말은?
   ① on-line ② shopping ③ neighbor
   ④ town ⑤ city

26. ⓖ에 들어갈 가장 적당한 말은?
   ① made ② makes ③ has made
   ④ has been made ⑤ is making

■ 해설을 보기 전에 조금만 더 생각해 보세요.

해설 7

이 문항들은 중학교 2학년 시험에 실제로 출제된 문항입니다. 어떤 문제점이 보이나요?

물론 이 문항들은 단어와 구문, 시제, 의문사 등 다양한 요소에 대해 묻고 있습니다. 하지만 모든 문항을 ( ) 안에 들어갈 말을 찾는 형태로 제시하고 있지요. 즉, 문항의 형태가 지나치게 단조롭다는 말입니다.

문항의 형태가 단조로우면 어떤 문제점이 생길까요? 그렇습니다. 문항의 형태가 단조로우면 그 문항을 풀 수 있는 본래 능력이 아니라, 특정한 방법으로 공부한 학생이 문제를 풀 능력이 없는데도 맞힐 가능성이 커지는 문제점이 두드러지겠지요. 즉, 문항의 타당도와 신뢰도가 떨어지는 것입니다.

이 문항들은 교과서에서 출제했을 거로 예상하는데, 교과서를 외운 학생들은 다른 공부를 하지 않아도 풀 수 있는 형태의 문항이에요. 물론 영어 교과서를 외우는 것은 매우 중요한 일입니다. 하지만 평가는 다양한 형태로 제시해야 보다 정확한 측정이 이루어질 수 있습니다.

평가 문항 8

다음 문항의 한계와 극복 방안에 대해 이야기해 볼게요.

13. 다음 표에 제시된 북한 은어의 의미 연결이 올바른 것을 <보기>에서 모두 고른 것은?

	은어	의미
ㄱ	벌잠	강제로 잠을 못 자게 함
ㄴ	심장 아바이	중노동을 견디지 못해 쓰러진 사람
ㄷ	빈달구지	아무 내용이나 실속 없이 소리만 요란한 사상 학습을 일컫는 말
ㄹ	안전 사업	주민들의 안전을 보장하기 위한 정책
ㅁ	무삼 의료 제도	병원, 의사, 약 세 가지를 무상으로 제공하는 의료 제도

① ㄱ, ㄴ 　　　　② ㄴ, ㄷ
③ ㄷ, ㄹ 　　　　④ ㄴ, ㄷ, ㅁ
⑤ ㄴ, ㄹ, ㅁ

- 해설을 보기 전에 조금만 더 생각해 보세요.

해설 8

이 문항에 대해 두 가지를 한번 물어볼게요.

먼저 이 단어들은 지금도 북한에서 사용하고 있는 말일까요? 교과서에 나오니 한 번도 의심해 본 적이 없을 겁니다. 하지만 AI는 실제로는 사용하지 않는다고 답하네요. 어떤 말이 맞는지는 잘 모르겠습니다. 하지만 교과서에 나온 내용 중에 시간이 흘러 시대성이 떨어지거나 현실과 맞지 않는 사실이 충분히 있을 수 있겠지요?

두 번째 물음입니다. 이 문항의 **출제 의도는 무엇일까요?**

북한의 은어에 대한 의미를 묻는 문제임은 알겠습니다. 그런데 그렇게 북한의 은어를 알고 있어야 하는 이유에 대해서는 잘 모르겠어요. 장차 있을 통일 시대에 대비하여 이런 내용을 알아야 하는 걸까요? 그렇다면 현실과 다른 내용을 이렇게 출제해서는 곤란하지 않을까요?

평가 문항 9

다음 문항은 어떻게 다듬으면 좋을까요? 자신의 의견을 말해 주세요.

> **21.** 정부가 실업을 줄이려고 확대 경제 정책을 실시하면 물가 안정이 어려워진다. 이때, <u>확대 정책</u>과 거리가 <u>먼</u> 것은?
> ① 공공 지출을 증대함 ② 세금 감면
> ③ 금리 인상 ④ 정부 보조금 지급
> ⑤ 대규모 댐 공사

▪ 해설을 보기 전에 조금만 더 생각해 보세요.

해설 9

얼핏 봐서는 무엇이 잘못되었는지 잘 보이지 않죠? 함께 살펴봅시다.

먼저 '문두가 긴 발문은 바람직하지 않다.'라는 내용을 떠올릴 수 있다면 선생님은 이제 하산해도 됩니다.

'정부가 실업을 줄이려고 확대 경제 정책을 실시하면 물가 안정이 어려워진다.'라는 문장은 **이 문제를 푸는 데 꼭 필요한 내용일까요?** 삭제하면 어떨까요?

그러면 문제는 이렇게 제시됩니다.

정부가 실시하는 확대 경제 정책과 거리가 먼 것은?

어때요? 깔끔해지지 않았나요? 앞부분은 문제를 푸는 데 전혀 필요가 없는 문장이었던 것이지요. 그런데 어떤 선생님들은 힌트로 앞부분을 주어야 학생이 문제를 풀 수 있을 거라고 할 거예요. 굳이 힌트를 주고자 한다면 〈보기〉를 이용해 해당 내용을 정리할 수 있겠지만, 별로 추천하지 않습니다.

보기 순서도 길이 순으로 다음과 같이 정리할 수 있습니다.

문제: 정부가 실시하는 확대 경제 정책과 거리가 먼 것은?

① 세금 감면
② 금리 인상
③ 대규모 댐 공사
④ 정부 보조금 지급
⑤ 공공 지출을 증대함

→ 정답은 ②번입니다. '금리 인하'가 확대 경제 정책입니다.

평가 문항 10

다음 문항이 좋은 문항이 되지 못하는 이유를 이야기해 볼게요. 그리고 수정 방향에 대해서도 생각해 봅시다.

> 21. 3.0 벽돌이나 돌, 블록 등을 모르타르로 결합시켜 건축물의 구조체를 구성하는 것으로, 목재나 철근 콘크리트와 함께 사용하는 경우가 많고, 내화·내구적이고 외관이 아름다우며 시공이 간편하나 건축물의 높이와 길이에 제한을 받으며 수평력에 약한 단점이 있는 건축 골조 공사는?
> ① 철골 공사 ② 목공사 ③ 철근 콘크리트 공사
> ④ 조적 공사 ⑤ 가설 공사

- 해설을 보기 전에 조금만 더 생각해 보세요.

해설 10

이 문항은 문두(질문 부분)가 지나치게 긴 문항입니다. 이렇게 문두가 길면 학생의 집중도가 떨어져서 제대로 문제를 풀지 못하는 경우가 많아요.

이 문항의 문두를 이해하기 쉽도록 고치면 다음과 같습니다.

21. (3.0) 〈보기〉에서 설명하고 있는 건축 골조 공사는?

〈 보기 〉
- 벽돌이나 돌, 블록 등을 모르타르로 결합시켜 건축물의 구조체를 구성하는 것
- 목재나 철근 콘크리트와 함께 사용하는 경우가 많음
- 내화·내구적이고 외관이 아름다우며 시공이 간편함
- 건축물의 높이와 길이에 제한을 받으며 수평력에 약함

① 목공사 ② 철골 공사 ③ 조적 공사
④ 가설 공사 ⑤ 철근 콘크리트 공사

어때요? 풀 만한 문제들이었나요?

어떻게 보면 "이런 문제가 출제된다는 것은 옛날이야기가 아닌가요? 요즘은 제대로 검토하고, 평가 문항의 수준도 상당히 높아졌어요."라고 말할 교사들도 있을 겁니다.

그렇지만 안타깝게도 이 문항들은 최근에 실제로 출제된 문제입니다. 해당 학교를 너무나 잘 알아볼 수 있는, 심지어는 학생이 문항을 풀고 난 흔적이 고스란히 남은 채로 학원에 넘겨지고 있는 문항들입니다. (그래서 실제 문항을 캡처해서 넣지 않았습니다.)

이런 문항을 보는 학부모들은 무슨 생각을 할까요?

이 문항들을 통해 교사의 수준을 평가하지 않을까요? 해당 학생이 그 문항을 틀리지 않았기에 이의 제기는 하지 않았지만, 만약 이의 제기를 한다면 꼼짝없이 당할 수밖에 없다는 느낌이 들지 않나요?

출제는 정말 어려운 일입니다.

그런데 그 출제를 잘하기 위해서는 이런 문항 검토 경험이 많이 쌓여야 합니다. 또한 문항 검토를 충분히 하기 위해서는 출제 이전에 지켜야 할 절차를 여유 있게 지켜서 출제하고, 평가 문항을 열린 마음으로 함께 검토할 수 있어야 하겠지요.

내가 한 학년 전체를 혼자서 다 가르쳤으니 이 문항은 문제가 없다, 혹은 이 문항은 검토할 사람이 없다, 하지 말고 동교과 선생님들과 함께 충실하게 검토하는 경험을 우리 교사들이 충분히 누리기를 권합니다.

"경험하지 못한 지식은 지식이 아니다."

에필로그

수업을 다시 묻는 일, 그것이 출제라는 일

교직에 나온 첫해,

많은 일이 아직도 새롭고 오래 기억에 남지만, 시험 문제 출제도 생생하게 기억에 남는 장면 중 하나입니다.

밤을 꼴딱 새워 가며 문항을 출제했는데, 그 어떤 피드백도 받지 못하고 단두대에 끌려가는 기분으로 학생들에게 시험을 치르게 한 그날이 아직도 기억에 생생합니다.

시험 문제가 너무 어려웠다며 재잘재잘대던 아이들의 목소리가 아직도 들리는 듯합니다.

시험 문항 출제가 이렇게 깊은 성찰을 요구하는 일이란 것을 예전엔 전혀 몰랐습니다.

그저 하던 대로 성취 기준만 보고, 예전 기출 문제도 참고해 가며 약간의 창의력을 발휘하여 문제를 내면 되는 줄 알았지요.

문제집도 쓰고, 특히 출제 업무를 다녀오고는 교육 전문가가 된 듯한 기분에 많이 우쭐해하곤 했습니다.

하지만 시간이 흐를수록 깨달았습니다.

문항 하나하나에 '내 수업의 생각 구조'가 담기고,

정답이 아니라 '학생이 어떤 사고를 하게 될까.'를 먼저 고민해야 한다는 것을.

그러고는 평가 문항에 대한 노력을 수업에 다시 담고 또 평가하며 발전을 이루어 나가려 했는데, 어느새 그렇게 하지 못할 만큼 나이를 먹어 버렸네요.

이 책은 '출제를 잘하고 싶다.' 생각하는 교사들에게 도움을 드려야겠다는 다짐으로 시작했지만, 사실은 '수업을 더 잘하고 싶다.'라는 교사들의 바람으로 완성되기를 기원합니다.

왜냐하면 출제는 수업의 거울이고, 평가 문항은 교사의 말보다 더 정직하게 수업을 비추는 도구이기 때문입니다.

처음 시험지를 만들어야 했던 초임 시절의 떨림,

문항을 검토하면서 수없이 고쳤던 문장들,

시험이 끝난 후 학생들의 불만 섞인 이야기 속에서 배우게 된 것들.

그 모든 시간이 모여 이 책의 문장을 만들어 주었습니다.

세상이 하도 빠르게 변하기에 요즘은 이렇게 원칙을 이야기하는 것이 고루하게 느껴지기도 합니다. 생활기록부에 실을 문구를 이미 AI로 작성하고 있고, 평가와 피드백을 AI가 대신하는 세상이 어쩌면 생각보다 금방 올지도 모릅니다.

물론 AI가 잘하는 분야가 있으니, 그것을 적극적으로 활용하는 것도 나쁘지는 않지요.

그런데 모든 것을 AI에게 맡길 수는 없습니다.

AI에 맡기더라도 제대로 된 감독을 하려면 교사가 먼저 똑바로 알고 있어야 합니다.

우리가 놓치지 말아야 할 것은 그런 전문가로서의 식견입니다.

평가도 마찬가지라고 생각합니다.

혹시 이 책을 덮는 지금,

"아직도 평가가 어렵다."라고 느끼고 있나요?

괜찮습니다.

그 말은, 우리가 교육을 진심으로 고민하고 있다는 뜻이니까요.

그 고민이 있다면, 출제는 분명 더 좋아질 수 있습니다.

이제 교무실의 컴퓨터 앞에 앉아 출제 문항을 하나씩 다시 써 내려갈 교사 여러분을 진심으로 응원합니다.

"정답률보다 중요한 건, 문항 자체의 건강 상태이다."
지금 만든 문제, 스스로 평가해 보았나요?

1. 과목별 출제 비법

2. 문항 자체 진단 체크리스트

3. 문항 제작 요령

4. 문항 검토 지침

부록 1

과목별 출제 비법

교과마다 출제의 포인트가 다릅니다. 대표적인 과목의 예를 살펴보겠습니다.

국어과

1. 문항은 '사고 흐름'을 따라야 한다.
   - 단순한 어휘, 지문 해석보다 논리의 연결과 비판적 이해를 측정하도록 구성하세요.

2. 문항은 지문 속에 답이 존재해야 한다.
   - 지문의 범위를 벗어나는 배경 지식이 필요한 문항은 국어 문항이 아닐 수 있습니다.

3. '지문 속 문항'은 지문과의 상호작용이 핵심이다.
   - 지문을 요약하거나 단순 재진술하는 문항은 지양하세요.

- 의도 파악, 관점 비교, 문맥 추론 등의 문항으로 사고의 깊이를 유도하세요.

4. 서술형은 '왜 그렇게 생각했는가'를 묻도록 한다.
- "중심 생각은 무엇인가요?"보다는 "이 글에서 중심 생각이 그렇게 되는 이유를 설명해 보세요."처럼 문항을 구체화합니다.

5. 국어 시험에서 맞춤법과 띄어쓰기는 절대로 틀리면 안 된다.
- 가끔 국어 시험에서 맞춤법과 띄어쓰기가 틀린 문항을 발견합니다. 그런 일은 없어야겠습니다.

영어과

1. '문법'은 활용 중심으로 한다.
- 단순 암기보다는 문맥 속에서 문법을 해석하고 활용하는 능력을 평가하세요.

2. 듣기·읽기 문항은 상황을 구체화한다.
- 생략된 지시어, 추론을 요하는 질문을 통해 정보 파악+의미 구성 능력을 함께 측정하세요.

3. 쓰기/서술형은 언어 수준을 고려한 단계화로 구성한다.
- 단순 어휘 채우기 → 문장 완성 → 문단 조직 등으로 문항을 점진적

으로 구성하세요.

4. 영어 시험에서 문법 오류가 있어서는 안 된다.
 - 국어와 마찬가지로(오히려 국어보다 더 엄격하게) 오류가 없어야 합니다.

5. 실제적이고 진정성 있는 영어 표현을 사용해야 한다.
 - 의미상 어색하고 잘 쓰지 않는 표현을 제시하는 것은 바람직하지 않습니다

수학과

1. '정답'보다 '풀이 과정'을 물어야 한다.
 - 과정 없는 정답 확인은 우연히 맞힐 수 있어 변별력이 떨어집니다.
 - 중간 과정 기입, 서술형 풀이 유도 등으로 문제 해결 능력을 평가하세요.

2. 출제 전에 오답 유형을 예상해 본다.
 - 자주 틀리는 개념 혼동, 계산 실수 유형을 미리 파악하고 오답지 설계에 반영하세요.

3. 문제 상황은 '맥락 있는 수'로 설계한다.
 - 의미 없는 숫자보다는 실생활, 수학적 맥락이 담긴 문제로 학생의 수학화 사고를 자극하세요.

4. 그림을 그릴 때 정확하게 그리도록 한다.
- 그림은 보조 역할로 작용해 답에는 영향을 거의 미치지 못하는 경우가 많지만, 학생이 혼란을 느끼지 않도록 그림을 정확하게 그려 줄 필요가 있어요.

5. 실생활 문제를 낼 때는 실제 상황과 일치하도록 문제를 낸다.
- 예를 들어 물 끓는 온도가 100℃인데, 이를 넘어서는 수치가 나온다든지 하면 정답에는 문제가 없어도 학생이 혼란스러워할 수 있습니다.

사회과

1. 개념보다 '사례 분석' 중심으로 전환한다.
- 정의형 문항은 지양하고, 현실 적용 사례를 중심으로 사고를 유도합니다.
예시: "법치주의의 의미는?" → "다음 중 법치주의가 위반된 사례는?"

2. 보기 간 수준 통일이 중요하다.
- 선택지에서 개념, 제도, 사례가 혼합되지 않도록 보기의 유형 정렬이 필요합니다.

3. 시사 자료는 지나치게 낯설면 안 된다.
- 최신 이슈 활용은 좋지만, 학생의 배경 지식과 수업 내용의 연결성

을 고려해서 구성할 필요가 있습니다.

4. 지문(제시문)만으로도 풀 수 있어야 한다.
 – 사회, 도덕 문제도 국어 문제와 마찬가지로 지문만으로도 문제를 풀 수 있어야 합니다. 교과서의 문장을 그대로 외어야 풀 수 있는 문제는 바람직하지 않습니다.

5. 단편적인 지식을 묻는 문항 형식을 벗어난다.
 – 복합적 사고나 적용을 위한 문항 형태로 바꿉니다. 질문을 구체화하든가, 혹은 특정 사례를 적용하도록 하는 문항 형태로 확장하면 보다 의미 있는 문항 제작이 가능합니다.

과학과

1. 실험 중심 문항은 '변인 조절'을 물어본다.
 – 탐구 상황 제시 → 조작/통제/종속 변인 찾기 → 결론 도출 과학적 사고 순서를 반영한 문항 흐름이 중요합니다.

2. 단답형보다 판단형 문항을 늘려 본다.
 – "무엇인가?"에서 "왜 그렇게 되는가?"로 인과적 설명을 요구하는 문항을 활용하세요.

3. 자료 해석 문항은 시각 정보에 익숙해지게 한다.
- 그래프, 표, 실험 결과 등을 해석해 추론·비판·예측 능력을 평가할 수 있도록 설계하세요.

4. 한 문항의 평가 목표는 되도록 하나로 한다.
- 초임 교사의 경우 의욕이 너무 앞서 한 문항에서 여러 가지 평가 목표를 설정하기도 합니다. 이럴 경우 학생이 상당히 힘들어할 수 있고, 문항의 오류도 많이 생기니 주의할 필요가 있습니다.

5. 답지의 형태는 문항에 따라서 잘 선택해야 한다.
- 답지는 보통 글(문장)로 표현하지만 문항에 따라서 그림이나 그래프를 사용하는 것이 평가 목표에 더 부합할 때가 있어요. 문항에 맞는 답지를 고르는 것도 중요합니다.

마무리 Tip

모든 교과는 주요 개념, 평가 목적, 학생 이해 수준이 어우러져야 좋은 문항이 나옵니다.
각 교과만의 출제 언어와 사고의 흐름을 익히세요.
교과서의 구조와 단원의 흐름 속에서 '무엇을 평가해야 할까'를 먼저 물어보면, 정말 필요한 문항이 보이기 시작합니다.

부록 2

문항 자체 진단 체크리스트

좋은 문항은 스스로를 돌아볼 수 있어야 합니다.

다음 체크리스트는 교사 자신이 작성한 문항을 스스로 점검할 수 있도록 돕기 위해 설계되었어요. 문항을 최종적으로 확정하기 전에, 또는 동료와 함께 문항을 검토할 때도 유용하게 사용할 수 있습니다.

1. 교육과정 및 교과 내용의 범위·수준 부합 여부

항목	확인
① 교육과정 및 교과서의 내용과 수준을 벗어나지 않은 문항인가?	☐
② 특정한 글이나 교과서를 사용한 학생들에게만 유리한 문항은 아닌가?	☐
③ 일부 반이나 일부 선생님에게 배운 학생들만 유리한 문항은 아닌가?	☐

2. 난이도 및 소요 시간

항목	확인
① 문제를 푸는 데 소요되는 시간은 적당한가? 〈참고〉 수학: 문항당 2분 그 외 과목: 문항당 1분~1분 40초	☐
② 지나치게 어렵지 않은가? (하위권 학생에 대한 변별력이 거의 없지 않은가?)	☐
③ 지나치게 쉽지 않은가? (상위권 학생에 대한 변별력이 거의 없지 않은가?)	☐

3. 정답 시비 가능성 여부

항목	확인
① 답을 작성하는 데 필요한 조건이 충분히 제시되어 있는가?	☐
② 문항 자체에 이론적으로 오류는 없는가?	☐
③ 관점에 따라서 정답이 다를 수는 없는가?	☐

4. 단서 포함 여부

항목	확인
① 내용을 잘 모르는 수험생도 정답을 맞힐 수 있는 단서가 포함되어 있지 않은가?	☐
② 오답지 중에 너무 생소하고 이질적인 것이 포함되어 있지 않은가?	☐
③ 오답지 중에 오답임을 알 수 있는 단서가 포함되어 있지 않은가?	☐

5. 물음과 답의 대응 관계

항목	확인
① 묻고자 하는 것이 무엇인지 분명한가?	☐
② 답이 너무 단편적이지는 않은가?	☐

6. 편집 체제의 일관성

항목	확인
① 문항 순서, 답지 번호가 순서대로 되어 있는가?	☐
② 오자, 탈자, 띄어쓰기에 문제가 없는가?	☐
③ 두문과 지문의 위치 등이 제대로 배치되어 있는가?	☐
④ 문두와 답지가 한 페이지에 배치되어 있는가?	☐
⑤ 문제 풀이를 위한 여백이 적절히 주어져 있는가?	☐
⑥ 도표, 지도, 그림 등의 인쇄 상태는 이상 없는가?	☐

7. 기타

항목	확인
① 문항 수와 배점 등은 이상이 없는가?	☐
② 기출제 문항과 같지는 않은가?	☐
③ 단순 암기만으로 풀 수 있는 문제는 아닌가?	☐
④ 지문이나 답지가 너무 길지는 않은가?	☐
⑤ 페이지 넘김이나 배분, 장수는 적절한가?	☐

부록 3

문항 제작 요령

문항 출제에 사용하는 문항 제작 요령입니다.

(1) 문항의 물음 부분(문두)은 불완전 물음표(?)로 끝나는 것을 원칙으로 하고, 부정문일 때는 부정하는 부분에 반드시 밑줄을 친다.
〈예〉― 알맞은 것은?
〈예〉― 알맞지 않은 것은?

(2) 문항의 번호는 아리비아 숫자에 점을 찍어 1. 2.……로 표시한다.
〈예〉
1.
2.

(3) 답 번호는 ①, ②, ③, ④, ⑤로 표기하고, 답지 번호, 삽화 또는 지도의 배치는 다음과 같이 한다.

〈예 1〉① 짧고 ② ③ ④ ⑤ 가장 길다

※ 단, 답지 길이와 관계없이 ①, ②, ③, ④, ⑤의 간격은 일정해야 한다.

〈예 2〉

① 짧은 문장.

② .

③ .

④ .

⑤ 가장 긴 문장.

〈예 3〉

① ② ③

④ ⑤

〈예 4〉

① ②

③ ④

⑤

〈예 5〉

	①
삽화 또는 지도	②
	③
	④
	⑤

〈예 6〉

삽화 또는 지도

① ② ③ ④ ⑤

(4) 정답을 2개 이상 고르게 할 경우에는 문두에 명시하고 반드시 밑줄을 친다.

〈예〉— 역사적 현상을 두 개 고르면?

(5) 문장 안에 나오는 인용된 문장은 " "로, 인용된 어구는 ' '로 표기한다.

〈예 1〉 "사람은 사회적 동물이다."라고 말한 사람은?
〈예 2〉 인간은 '생각하는 갈대'라고 표현한 사람은?

(6) 〈그림〉, 〈표〉, 〈보기〉 등을 지칭하는데 '다음'이라는 용어는 가급적 사용하지 않는다.

〈예〉 〈보기〉에서 옳은 것을 모두 고른 것은?

| 보기 |
| ㄱ. |
| ㄴ. |
| ㄷ. |

(7) 〈보기〉 속의 내용을 선택하는 경우에는, 각 사항 앞의 기호를 ㄱ, ㄴ, ㄷ으로 표기한다.

〈예〉〈보기〉에서 프랑스 혁명의 원인만을 골라 놓은 것은?

| 보기 |

ㄱ. 구제도의 모순　　　ㄴ. 나폴레옹의 출현

ㄷ. 계몽사상의 영향　　ㄹ. 자코뱅당의 공포 정치

---

① ㄱ,ㄴ　② ㄱ,ㄷ　③ ㄴ,ㄷ　④ ㄴ,ㄹ　⑤ ㄷ,ㄹ

(8) 〈보기〉 속의 내용을 선택하는 문제가 아닌 경우, 각 사항 앞의 기호를 'ㅇ'로 표기한다.

| 보기 |

ㅇ 출자와 경영이 분리되어 있다.

ㅇ 주주들의 주된 관심은 운영에의 참여보다는 이익 분배에 있다.

ㅇ 기업을 운영하기 위해서는 전문적 지식과 능력을 필요로 한다.

---

(9) 지문(地文) 속에 있는 여러 문단을 구분하여 나타내는 번호는 (가), (나), (다)……로 표시하고, 지문 속에 있는 문장이나 문구를 지적하는 번호는 ㉠, ㉡, ㉢,……로 하고 밑줄을 친다.

〈예〉 다음 글을 읽고 물음에 답하시오.

> |보기|
> (가) 지식은 ㉠직접 경험과 ㉡간접 경험을 통해 습득되어……
> (나) 또, 우리의 지식은 ㉢독해의 마지막 과정인 반응에도 영향을 끼친다.

(10) 〈보기〉나 자료(그림, 표 등)를 제시한 문항에서는 〈보기〉나 자료에 대한 설명을 먼저 한 다음 〈보기〉나 자료를 제시하고, 질문은 〈보기〉나 자료 다음에 오도록 한다.

〈예 1〉 〈보기〉는 지도에 표시된 A, B 국가 간의 관계에 대한 설명이다.

지도 그림

> |보기|
> ㄱ.   ㄴ.
> ㄷ.   ㄹ.

옳은 설명으로 묶인 것은?
① ㄱ, ㄴ   ② ㄱ, ㄷ   ③ ㄴ, ㄷ   ④ ㄴ, ㄹ   ⑤ ㄷ, ㄹ

〈예 2〉 대한민국 임시정부는 광복 후 다음과 같은 요지의 강령을 발표한 바 있다.

이 글의 내용으로 미루어 보아 당시 대한민국 임시정부가 가장 중시하고 있었던 목표는?

① 민주   ② 자유   ③ 평등   ④ 자주   ⑤ 복지

(11) 문두에서 별도의 설명을 필요로 하지 않는 〈보기〉는 문두와 답지 사이에 위치시킨다.

〈예〉 염산과 반응하여 수소를 발생시키는 어떤 금속이 있다. 이 금속 일정량을 과량의 염산과 반응하여 얻은 자료를 이용하여 이 금속의 원자량을 알아내고자 할 때, 필요한 자료를 〈보기〉에서 모두 고른 것은?

|보기|
ㄱ.   ㄴ.
ㄷ.   ㄹ.

① ㄱ, ㄴ   ② ㄱ, ㄷ   ③ ㄴ, ㄷ   ④ ㄴ, ㄹ   ⑤ ㄷ, ㄹ

(12) 답지에 두 가지 이상의 요소가 포함된 경우에는 A, B, C 등의 기호로 표시하고, 각 기호 밑에 밑줄을 그어 잘 구별되도록 한다.

부록 3

〈예〉 A, B 물질일 가능성이 가장 높은 것은?

　　　A　　　B

① 산화칼슘　이산화탄소

② …　…

③ …　…

④ …　…

⑤ …　…

(13) 〈보기〉의 여러 항목을 조합하여 답지를 구성하는 합답형 문항의 경우, 기호 순서(ㄱ, ㄴ, ㄷ, ……)대로 답지를 만들되 답지를 구성하는 항목의 수가 적은 것부터 나열한다.

〈예〉 보기에서 옳은 것을 모두 고르면?

| 보기 |
| ㄱ.　　　　　　　　　　ㄴ.
| ㄷ.　　　　　　　　　　ㄹ.

① ㄱ, ㄴ　　　② ㄱ, ㄷ　　　③ ㄱ, ㄴ, ㄹ
④ ㄴ, ㄷ, ㄹ　　⑤ ㄱ, ㄴ, ㄷ, ㄹ

(14) 같은 음의 한자는 ( ) 안에 표시하고, 뜻을 분명히 하기 위해 사용하는 한자는 [ ] 안에 쓴다.

〈예〉• 생불(生佛), 유물(遺物)
• 배[船]가 고장나서

(15) 문장 안에 나오는 책 이름은 『 』안에 쓴다.
〈예〉 애덤 스미스(Adam Smith)의 『국부론(國富論)』에 의하면

(16) 자료의 출처를 밝히고자 할 때는 자료의 우측 하단에 다음과 같이 표기한다.
〈예〉

```
----------------------------------------------------------
----------------------------------------------------------
                                                  • 論語 •
```

(17) 문항별 차등 배점의 점수는 문두의 끝부분 [ ] 안에 표시하되, 차등 점수 중 낮은 점수와 높은 점수만 표시하고 중간 점수는 표시하지 않는다.
〈예〉 0.5점, 1점, 1.5점, 2점으로 차등 배점을 하는 경우, 그 점수를 문두 끝의 [ ] 안에 표시한다.

(18) 두 문항 이상으로 구성된 세트 문항은 번호를 [ ]로 묶고, 문제

상황은 전체 자료를 □ 안에 넣어 처리하며, 공통 지시문은 완전 문장('하시오'체)으로 한다.

〈예〉 [3~4] 다음 글을 읽고 물음에 답하시오.

3. ─?
① ② ③ ④ ⑤
4. ─?
① ② ③ ④ ⑤

부록 4

문항 검토 지침[3] (출제위원용)

문항 검토 시 유의할 점

① 수험생의 입장에서 검토한다.
② 조금이라도 이상하면 이의를 제기하여 확인한다.
③ 출제자는 제기된 문제점에 대하여 방어적 태도를 지양하고 긍정적으로 수용하는 자세를 견지한다.
④ 채택된 문항은 영역 내 전 출제위원의 공동 작품임을 명심한다.

문항 검토의 관점

출제 전반	① 교육과정의 정상적 운영에 기여할 수 있게 출제되었는가? ② 출제 계획서에 부합되게 출제되었는가? ③ 교육과정의 범위를 벗어난 문항은 없는가? ④ 시중 참고서나 모의고사, 학원 교재, 신문 게재 문제 등에 그대로 나와 있는 문항은 없는가? ⑤ 지나치게 어렵거나 쉬운 문항은 없는가? ⑥ 출제 원칙에 맞게 출제되었는가? ⑦ 난이도와 변별도는 적절한가?
문두	① 정답 시비가 야기되지 않도록 필요한 조건이 모두 포함되어 있는가? ② 참고서의 지문을 그대로 옮겨 놓지 않았는가? ③ 정답에 대한 단서가 제시되어 있지는 않은가? ④ 부정문으로 표현된 문항의 경우, 긍정문으로 바꾸어 묻는 것이 더 바람직하지는 않은가?
답지	① 답지의 길이가 너무 다른 것은 없는가? ② 문두나 답지의 문장 표현이 불필요하게 장황한 것은 없는가? ③ 답지가 지나치게 엉뚱하거나 답지끼리 중첩되는 것은 없는가? ④ 두 개 이상의 답지에 공통적으로 포함되는 요소로 인하여 정답의 단서가 되는 것은 없는가? ⑤ 답지는 논리적 순서에 따라 배열되어 있는가? ⑥ 정답의 위치가 특정한 답지에 편중되어 있지는 않은가?
정답지	① 관점에 따라서 오답이 될 가능성은 없는가? ② 문의 내용을 잘 모르는 학생들도 금방 정답을 찾을 수 있는 너무 뻔한 답지는 아닌가? ③ 정답 시비의 소지가 있지는 않은가?
오답	① 정답지에 비해 너무 생소한 오답지는 없는가?(오답지라는 단서 제공의 여지) ② 관점에 따라서 정답이 될 가능성은 없는가? ③ 오답지는 모두 문의 내용과 직접적으로 관련이 있는 것들인가? ④ 오답지의 매력도가 너무 부족하지 않은가?

[3] 출처: 「중3 학력평가 출제·평가위원 워크숍 자료」(2003. 서울시교육청) 최근 자료를 못 구했지만, 크게 다르지는 않을 것으로 생각해 수록합니다.

교사라면 꼭 알아야 할 평가 문항 출제의 원리와 실전
출제의 정석

초판 1쇄 펴낸날　2025년 9월 5일

지은이　　김근수
펴낸이　　홍지연

편집　　홍소연 김선아 김영은 차소영 조어진 서경민
디자인　이정화 박태연 정든해 이설
마케팅　강점원 원숙영 김신애 김가영 김동휘
경영지원　정상희 배지수

펴낸곳　　(주)우리학교
출판등록　제313-2009-26호(2009년 1월 5일)
제조국　　대한민국
주소　　　04029 서울시 마포구 동교로12안길 8
전화　　　02-6012-6094
팩스　　　02-6012-6092
홈페이지　www.woorischool.co.kr
이메일　　woorischool@naver.com

ⓒ 김근수, 2025

ISBN　979-11-6755-336-2　03370

• 책값은 뒤표지에 적혀 있습니다.
• 잘못된 책은 구입한 곳에서 바꾸어 드립니다.

만든 사람들
편집　　이선희
디자인　책은우주다